扎西持林丛书

寂靜之道

མཁན་པོ་ཤེས་རབ་བཟང་པོས།

希阿榮博堪布｜著

方舟文化

法王如意寶晉美彭措

法王如意寶是我一切慈悲、智慧的源泉。我慶幸自己從二十一歲到四十二歲，人生最年富力強的時光是在法王身邊度過的。在法王的悉心教導下，我逐步走向成熟。

此時此刻，我更能真切地感受到自己少許的出離心、菩提心，一分一秒的善念善行全部來自於法王的加持。只要一想到他老人家，我的心裡便充滿了溫柔而憂傷的淚水。

—— 希阿榮博堪布

有時候，人們並非不快樂，只是以為自己不快樂而已。
試著觀察自己的情緒變化，
我們會發現情緒就像天空的浮雲，變化多端又隨時消散。
遠看一朵一朵彷彿人能在上面漫步起舞，
走近才發現根本沒有立足之地。

持久的快樂源於內心的平和，不在於名利的積累。

真正能讓我們遠離匱乏、孤獨之苦的，

不是金錢地位，而是懂得關愛、分享和寬容的心，

這才是人生最寶貴的財富。

希阿榮博堪布法相

我常在傍晚時分，順山間小徑轉繞。時有虔誠的牧民等在路邊獻上燦爛笑容和問候，又聽見不知何處有轉山者在歡快地歌唱。

寧靜山嶺上，圓圓的太陽，白白的月亮，升起落下，日復一日。歲月靜好，天地空闊。願遠方弟子皆同此安樂！

雪山空谷　暮更沉寂　猶聞轉山者歌聲
朗朗月色　寂靜瑪尼　愈思前賢過往事
普願眾生　同我心願　能於諸法善思維
希求作為　可憐自縛　生死牢獄無出期
傷人至深　莫若言語　護口如捧滾油行
苦惱生涯　五毒刀箭　以智悲心化花雨

勿擾眾生　道心永固　聖者教言　莫違亦莫忘
拳拳我心　願眾歡喜　千里遙寄　吉祥祝福音

希阿榮博
於農曆戊子火鼠年除夕

目錄

第三部　六度萬行

附錄

—推薦序—

開展心靈的智慧之鑰

第一次聽到法王如意寶吉美彭措的尊號是在二十多年前，當時貝諾法王說：「這是我真實的上師。」我們這些台灣弟子視貝諾法王如蓮師，他這樣一位德行具備的上師，以極虔誠的口吻向我們鄭重介紹如意寶法王吉美彭措，貝諾法王說：「藏地有吉美彭措法王，法教必不衰退。」

多年後這個預言應驗了，很多當年在五明佛學院學習修行的堪布們，到了二十一世紀成為各個寺廟的重要老師。而在法王如意寶幾位珍貴的弟子中，台灣弟子對希阿榮博堪仁波切可能是比較陌生的。

在我尚未有緣見到希阿榮博堪仁波切之前，已從他幾位弟子口中聽聞許多有關他的奇妙事業；當然不同的弟子總能說出不同的印象，但所流露出的敬仰與摯愛，已足以說明希阿榮博堪仁波切的攝受能力。我第一次見到堪仁波切，就被他率直純真的笑聲所打動，而印象最深刻的就是他那無造作的謙虛。在與堪仁波切短短相處的兩小時內，經常讓我不自覺地想起吉美彭措如意寶法王，也因而感受到法脈傳承的力量。

《次第花開》和《寂靜之道》是希阿榮博堪仁波切將多年來發表過的文章及開示結集成冊，有系統地將佛陀法教以深入淺出的方式開展出來；最令人動容的就是堪仁波切以自身的經驗及修行，將深奧的佛法善巧地融入日常生活中，通篇所流露出的慈悲、智慧及幽默，讓人忍不住一讀再讀。

在目前這樣一個資訊充斥，知識看似隨處可得的年代，許多人對真假與好壞的分辨越發感到茫然，能尋到一位良師、讀到一本好書，都需具備福德資糧。《次第花開》和《寂靜之道》是能引導眾生邁向正道的書，願一切眾生能從書中找到解脫之鑰。

表演工作坊行政總監
丁乃竺

幸福源自內心的安寧

希阿榮博堪布是四川甘孜色達喇榮五明佛學院的授課堪布，並在自己的家鄉甘孜德格玉隆地區建立了扎西持林閉關中心。堪布從十三歲起開始接受系統的佛法教育，二十四歲時由當今藏傳佛教寧瑪派最偉大的上師法王如意寶晉美彭措授予堪布學位以來，便一直為喇榮五明佛學院的僧眾傳講顯密佛法的諸多課程，培養了大批僧才。

近兩三年來，堪布仁波切針對現代人的困惑和煩惱，撰寫了一系列隨筆，從日常生活的點滴出發，按照現代人的生存環境和思維方式，走入人們的內心世界，深入淺出地講述如何通過佛教的修行，在生活中獲得喜悅和自在。二〇一一年，這些文章付梓發行，取書名為《次第花開》。「次第花開，花開見佛」是希阿榮博堪布希望通過這些隨筆傳遞給讀者的美好祝願，**希望人們能在世俗生活的責任和壓力中，保持內心的優雅和喜悅。**自問世以來，《次第花開》一直是佛教類書籍中的暢銷書。

實際上，一位真正的心靈上師的言傳身教，甚至隻言片語，都能帶給弟子深遠的啟發。希阿榮博堪布教化眾生的足跡可以說是遍布四方，雪域西藏的一座帳篷，都市裡的一個茶館，隨時隨處都可以成為堪布為弟子答疑解惑的講堂。有感於此，我們整理了目前所能獲得的資料，搜集希阿榮博堪布在不同場合的開示，並盡量以系統的方式編輯這些教言。其來源既有堪布在藏地各寺廟主持法會的記錄，也有日常與弟子們相處時的隨機開示，為了滿足本書的完整性，我們也從《次第花開》中選取了一些教言。另外，堪布仁波切正在撰寫《前行筆記》一書，內容陸續發布在菩提洲網站，本書對此也有摘錄。

非常幸運的是，在本書即將編輯完成之時，堪布仁波切推出最新的開示《生命這齣戲》，並對近期網友及佛子們提出的一些有關佛法的問題予以解答，我們將開示和問答錄收編在本書的附錄之中。《生命這齣戲》以精闢、優美、極具啟發性的文字次第闡述了佛法見行的精華要點，可視為對本書內容所做的完美總結。

佛法浩如煙海，很多人對佛教有興趣，但常常因為不得入門要領而望洋興嘆，更何況工作生活節奏緊張，沒有太多時間可以用來學習。這本語錄體的書，可以供讀者在茶餘飯後或者等人、乘車的零散時間翻閱，每天讀兩三條，日積月累，也許在不知不覺中便能對什麼是佛法、如何修行有了大致的概念。當然，真正要學佛、修行，必須深入學習，進行完整系統的聞思修，有緣人可以根據自己的根基意樂選擇適合自己的法門。

當您信手翻開《寂靜之道》這本書，躍入您眼簾的那幾個字、那一段話，恰好能解答您的一個疑問，或者讓您的心靈感受到一縷陽光、一陣清風，這便是我們最大的歡喜。

由於我們對佛學的瞭解還比較膚淺，編輯本書的過程中，錯漏在所難免，希望讀者予以批評指正。

編者 2012年1月25日于北京

第一部 四法印

精神之道

我們今天所處的世界科技高速發展、物質豐富多樣，但這個時代的人看上去卻並不安樂。生活富足卻不快樂，不是幸福的生活。

在我的家鄉德格，至今還保持著藏民族傳統的生活狀態，而且人們非常虔誠地信仰佛教，修持佛法是生活的主要內容。在那裡，物質條件與大都市相去甚遠，但人們的內心很安樂，常常能看到有人邊幹活邊跳舞。走在夏季的草原上，更是隨處可以看見人們聚在一起唱歌、跳舞。而站在擁擠的城市街頭，我很少看到人們發自內心地歡笑，只有一個個匆忙的身影。

科技和物質只能滿足一些感官需求，無法滿足精神需求，解決精神層面的煩惱。人對物質很容易厭倦，沒得到時不甘心，千方百計去爭取，一旦滿足卻又立即生厭。**一個人如果沒有更高的精神追求，生活很容易就陷入這種不甘和厭倦的循環，導致內心越來越浮躁、越來越空虛。**真正的信仰能幫助排遣負面情緒，保持生活的平衡喜樂。

ག

也有人把煩惱增多、內心空虛歸咎於物質繁榮，其實不盡然。物質會對人心產生一定的影響，但關鍵是人心在作怪。煩惱多，是因為物質條件改善後內心執著的東西更多了。內心空虛也是因為物質豐富後有更多逃避痛苦的選擇，人們可以更頻繁地變換安慰的方式，結果便更頻繁地感受到不滿足和挫敗。

ང

有的人居無定所地過著安寧的日子；有的人卻在豪華住宅裡一輩子逃亡。為了追求富足而苦惱或者整日忙碌得忘記去生活的，大有人在。辛苦操勞一輩子，到頭來還是不快樂，而一生卻已經過去了。

ཅ

高樓大廈、飛機、網絡，這些先進的技術只是為人類的活動提供了便利，對學佛人來說，並不意味著發達。在我們看來，社會沒有犯罪、眾生平等、人們安居樂業，沒有煩惱才是發達。

ཆ

在這個幻化游舞的世界當中，金錢和地位沒有什麼實質的利益，也不可能從根本上消除人們的煩惱與痛苦。真正能對治這些煩惱與痛苦的只有佛法。

ཇ

許多人沒有足夠的勇氣承認自己需要幫助，或者不能謙遜地學習別人的成功經

佛法中「寂靜」一詞多指遠離貪嗔痴慢疑等諸般煩惱，身心自在清淨，而非簡單外在形式上的獨處，或內心的孤僻，或修法中的頑空境界。

驗。**每個人的世界觀應由自己建立，盲目或被迫接受他人的觀點都是對生命的不尊重，但是封閉內心、固守成見同樣是對生命的不尊重。**

我出生在一個普通的牧民家庭，雖然在我幼年的時候，藏地的寺廟基本都被毀壞了，但我在十一歲那年聽說了札熙寺的哥寧活佛，就很想去拜見。阿媽一直沒答應，因為路遠，我年紀又太小。過了一兩年，經不住我反覆乞求，阿媽借了一匹馬，拜託一位正好順路的老喇嘛帶我去札熙寺。那個時候，我就堅信自己這一生所能做的最有意義的事情就是跟隨上師學習佛法，尋求終極的快樂和解脫。

我並不排斥其他的價值觀和信仰體系，也很願意增加對它們的了解，但我四十幾年的人生經歷和見聞讓我確信：尋遍整個世界，唯有釋迦牟尼佛宣講的妙法能幫助人們實現永久的安樂。

幸福源自內心的安寧。許多人到了老年才真正開始關注心靈和生命的價值，更多的人，哪怕死亡迫在眉睫，也不去思考自己的一生何去何從。然而，無常的腳步從來不會為誰而停止，生命中的痛苦也不會因為誰忽略和回避它而減少一些。

希望過安定富足的生活，這一點藏族人與其他的民族並沒有區別。然而，佛陀關於無常和因果的開示給了我們無限的勇氣和希望，哪怕目不識丁的藏民也深信因果並無懼地接受無常，有著世俗教育難以造就的見地和胸襟。

ན

真正的佛教絕對不是迷信，它一定能真真切切地給眾生帶來利益。釋迦牟尼佛也不鼓勵盲目相信，他說：「就像金子被加熱、切割和打磨一樣，你們要好好檢視我說過的話，不要只是出於對我的敬畏而接受。」

པ

很多不信佛的人，究其原因，不是因為他們不認同佛陀的教法，而是他們沒有機會了解佛法，所以儘管對痛苦、無常有認識體會，卻也無可奈何，不知道人竟然還有可能從痛苦中完全解脫。

ཕ

為了讓自己的心獲得暫時與究竟的安樂，無論是否接受佛教作為自己的信仰，都應該以開放的心態去了解佛教。人生中各種各樣的痛苦和煩惱，產生的原因，止息的方法，佛法裡都有清晰的解釋。

一痛苦一

四聖諦

日常生活裡讓人不如意、不開心、痛苦、煩惱的因緣那樣多，一年三百六十五天，非在愁中即在病中。但是，人們總是不願意承認這個事實，認為談論苦是悲觀消極或不吉祥的。痛苦是輪迴生命的常態，如果對痛苦沒有正確、深入的認識，就不會有動力尋求解脫。

ཁ

釋迦牟尼佛初轉法輪宣講了苦、集、滅、道四諦，首先宣說的就是苦諦。苦，生命的一切經歷都不離痛苦的本質；集，痛苦的成因；滅，痛苦是可以止息的；道，止息痛苦的方法。四聖諦解釋了什麼是輪迴、輪迴的產生、是否能夠結束輪迴（即解脫），以及如何解脫。

ས

為什麼大多數所謂學佛者不確定自己是否真的想解脫？因為大家在心底不認為輪迴真的那麼苦。解脫之道始於對苦的正確認識，不從正確認識痛苦著手，脫離輪迴幾乎不可能。

六道輪迴中所有生命的生存狀態都具有苦的特質，這個「苦」不僅包括粗大劇烈的痛苦、傷害，也包括細微的不適、不如意等等。當你對苦的深度和廣度有了正確認識，遠離痛苦就成為一股強烈的意願，你迫切地想知道到底是什麼造成了生命中無所不在的缺憾——苦。而只有在你真正明白苦的成因後，才會知道苦是有可能終結的。於是，你通過各種途徑遠離痛苦、趨向安樂。

在四諦中，集是因，苦是果；道是因，滅是果，但佛陀在宣講這兩對因果時，先講果再講因。因為在實際修行中，是按苦、集、滅、道的順序，而不是按因果的順序來修的。

諸受是苦

身處痛苦中，應該了知自己在痛苦中；痛苦就是痛苦，不要把它誤解成別的。

佛經上把痛苦分為三大類：苦苦、變苦和行苦。苦苦，是顯而易見、不折不扣的痛苦，比如身體和精神的創傷、病痛、恐懼、生離死別。對苦苦，人人避之唯恐不及，誰也不會認為它們是別的東西而想去追求、親近。

通常被我們理解為快樂的種種體驗和現象是**變苦**，因其本質為苦，終將由快樂變成痛苦。相聚是快樂的，但天下沒有不散的筵席，相聚的快樂裡隱含著分離的痛苦；戀愛是快樂的，而相愛容易相處難，戀愛的快樂裡隱含著爭吵、猜忌、怨恨的痛苦；年輕貌美是快樂的，只是歲月無情催人老，年輕的快樂裡隱含著衰老的痛苦；為人父母是快樂的，可把嬌小脆弱的生命撫養成人，要付出多少精力，提心吊膽、不寢不食，這其中又有多少辛苦；升職加薪是快樂的，不過壓力和焦慮也隨之升級。仔細思量，生活裡每一項快樂都含帶著日後的痛苦。

行苦是一種更深刻也更細微的痛苦，它指的是陷於輪迴的眾生整個存在狀態的無奈和不圓滿，身心受到業力牽制，被種種煩惱束縛。普通人的生命皆是由煩惱中來，到煩惱中去，全然不得自主地流轉、流轉、流轉。如果不是親身遭遇變故、痛苦，一般人很難體會「諸受是苦」的深義。對痛苦的了解越深入、越全面，我們就越被激勵著去實踐離苦得樂的方法。在疾病以及其他的痛苦面前，我們完全有可能保持尊嚴和從容。

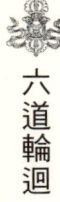

六道輪迴

現代人的生活中充滿了各種假設，假如投資股票掙了錢，假如退休了就去周遊世界……我有時覺得奇怪，為什麼人們不假設有來世，這並不比假設有明天或有明年更荒謬。

ཟ

常常聽到質疑，說「如果有前世，為什麼我不記得了？」記憶裡沒印象的不一定就沒發生過，因為不記得就否認其存在，這沒有道理。看不到前世後世並不能證明輪迴不存在。如果經過觀察和思考，沒有誰能真正否定佛教關於輪迴、轉世的觀點。

འ

從古至今還沒有哪位聖賢否認過輪迴的存在，你也沒有必要急於下一個石破天驚的結論。當你說「不相信輪迴」時，你的意思其實是「不想相信有輪迴」，因為輪迴、轉世這些概念聽起來太陌生，讓你感到束手無策，你甚至連試圖了解它的興趣和勇氣都沒有。

ཡ

每次聽說有人自殺時我心裡都難過極了。死亡對他們來說是多麼巨大的未知，而未知多大恐懼就有多大！死亡的過程是極其劇烈的變化，活著的人根本無法想像四大分離的那種痛苦。這個世界上沒有真不怕死的人，以自殺的方式擺脫現世的痛苦，可以推知他們內心承受著多大的痛苦。第一次聽說抑鬱症時，漢族弟子們給我解釋了很長時間我才明白。在藏地，我從來沒聽說過誰有抑鬱症和誰為此而自殺。

ར

也有很多人沒來由地相信輪迴是件浪漫的事，想當然以為自己來生肯定還是重回人間，甚至能回到今生今世的種種因緣中，繼續一段段愛恨情仇，這種想法實在是一廂情願。

ལ

地獄的寒熱、餓鬼的飢渴、旁生的愚痴、非天的爭鬥、天人的墮落以及人道的生老病死，六道中的痛苦無量無邊，沒有任何地方能讓我們真正獲得安樂，輪迴的本質就是痛苦。

ཤ

有人口氣大，說不怕下地獄，這是他忘了地獄的痛苦。人道世界最大的痛苦與地獄裡最小的痛苦都無法相提並論，誰也受不了地獄的痛苦，到時候再怎麼後悔也來不及。

ས

說不怕地獄的人不信佛，也不信因果。覺得自己很勇敢很堅強的人，在火旁邊多烤一會兒都受不了，還怎麼受得了地獄的痛苦？不用說十八層地獄，最近的地獄與人間的痛苦都根本不一樣，比如無數次地被切開、再長好、再被切開。

ད

也許你覺得活命已經夠忙的了，哪裡還顧得上考慮死後的事。如果你因為忙於活而顧不上死，那麼可以等到活膩味了再思考輪迴、生死。不過，看看周圍，多少人都是滿懷著對生活的熱情籌劃，突然間離開這個世界的，你沒有理由相信自己會更幸運。

娑婆世界

常有人向我訴說事業不順、婚姻不幸、失眠厭食，希望我給個方法解決這些麻煩，像看醫生那樣，得到一系列建議，然後一二三四，按照步驟去做，就可以萬事如意。我大概常常讓他們失望，因為我總說：「對生活不要要求太高，好好修行！」我希望他們少受痛苦，但我更希望他們明白：**輪迴就是這樣充滿缺憾。煩惱無盡的糾纏，這就是生活。**

ས

身在輪迴中，卻追求圓滿，這本身就是一個巨大的迷惑。長久以來，我們一直認為人生中煩惱不斷，是自己做得不夠好，如果很努力、很用心，事情一定會有一個圓滿的結果。可是，不論我們多注重鍛鍊保養，身體照樣會生病、衰老；不論我們多麼愛身邊的親人，他們早晚會與我們分離。事業、家庭，這一切，總有不如人意的地方。

生、老、病、死、怨憎會、愛別離、求不得、不欲臨，無論貧富強弱，所有人都無可避免要經歷這八種痛苦。各種各樣粗大的、細微的、強烈的、溫和的痛苦伴隨著我們短暫的一生，你也可以把它們稱為壓抑、孤獨、怨恨、哀愁、恐懼、貧窮……這些東西無論我們現在做得好或不好都會出現在生命中。

佛經中把我們生活的這個世界稱為娑婆世界，意思是能忍受缺憾的世界。痴心不改硬要在缺憾的世界裡追求完美，會有結果嗎？

只要有這個身體在，我們就必定經歷生老病死；只要心裡還有貪執、嗔恨、困惑、傲慢，我們就必定感受痛苦。

人們對痛苦通常持四種態度：有人希望痛苦盡快結束，以為眼下的痛苦結束了今後就會一直幸福；有人在痛苦的同時不忘享樂，痛苦並快樂著；有人雖然不再懼怕痛苦，但痛苦妨礙了他的修行；有人擁抱痛苦，在痛苦中找到通向自由的路途。

如果能以煩惱為契機去勘悟世間萬象的本質，從煩惱入手去實現止息煩惱的最終目的，那麼充滿煩惱的人生就是我們解脫的最好機緣。

一無常一

執著

我們自以為經驗老到、廣聞博學，而絕大多數時候，不過是憑概念和聯想在理解世界；我們自以為明察秋毫，事實上往往只看見想看的，聽到想聽的。佛陀教我們以開放的心去觀察和傾聽，才能真正看到和聽到。可是用清新、開放的眼光認知內在和外部的世界，不僅需要勇氣，還很辛苦。

有一些成見和誤解比較容易糾正，只需要稍稍改變心的習慣，還有一些錯誤的假設從久遠以來流傳至今，已經成為「真理」和「常識」。**我們如果想活得更真一點，有時不得不做個沒有「常識」的人，甚至是叛逆者。**

那些捨棄今生的修行人，他們只是拒絕繼續生活在謬誤裡，也不想躲在別人的經驗裡混日子。他們覺得受夠了捉弄，於是堅決遠離這些騙人的把戲，開始真心誠意地去認識和感受萬事萬物。

佛陀說，一切痛苦的根源在於人們對自身及外部世界根深蒂固的誤解，執幻為實，沒有認識到事物皆依賴各種內在和外在的條件剎那生滅，不是固有和恆常不變的，佛教裡稱之為「無我」和「無常」。

無常並非佛陀的發明，他只是指出了一個總被忽視的真相。佛法不向你承諾安全感或確定性，事實上，它恰恰要打破你對安全的幻想。

無常粉碎了我們對安全感、確定性的幻想，當我們意識到自己腳下隨時可能踩空時，便本能地想抓住什麼，這就是執著的由來。而我們想抓住、想依靠的東西本質上卻是抓不住、靠不住的，痛苦便由此而生。

如果你把痛苦純粹當作一種負面經歷，想方設法要避免它；或者認為痛苦意味著失敗，要是自己能力足夠，一切都擺得平，就不會有痛苦，如果你這樣想，毫無疑問，當遇到挫折時，你會分外感到壓抑、焦慮和不公平。

「我」是一種錯覺，我們的整個生活卻建立在這個錯覺的基礎上。

試著觀察自己的情緒變化，我們會發現情緒就像天空的浮雲，變化多端又隨時消散。遠看一朵一朵彷彿人能在上面漫步起舞，走近才發現根本沒有立足之地。

一切痛苦都來自於自己的執著，如果有人讓我們痛苦，我們首先應該檢視的是自己。

無始以來，我們所追求的都是過得更好更快樂，更有安全感，然而，這種追求至今仍沒有結果……是時候停下來重新思考了。如果不糾正兩個錯誤，我們很難得到真正持久的安樂，一個是在缺憾中尋求完美，另一個是只想自己快樂。

要真正止息痛苦，只能從破除我執入手。無我是佛教最獨特也是最深奧的見解，能聽聞到無我法門是值得慶幸的。對真正尋求解脫的人來說，僅在理論上理解無我還不夠，要徹底解脫痛苦必須證悟無我。

諸行無常

有些事實顯而易見，人們卻總也認不清，比如說無常。常聽人感嘆人生失意，這種挫敗感很多時候正是對無常的體驗。

ཨ

看看這世界，人們整天忙忙碌碌，無非為逃避無常；苦惱、掙扎那麼多，也無非源自對無常的恐懼。然而這世上沒有一件事物是恆久不變的，所以我們擁有的一切都必然同時給我們帶來不安全感。

ཀ

多數的人往往要到迫不得已的時候，比如遭受突如其來的變故，才會意識到無常的存在，所以總誤以為是無常帶來了痛苦。**要知道，造成痛苦感受的不是無常，而是自己對無常的恐懼**。克服這種恐懼有兩個辦法，一是熟悉無常，二是了解恐懼的原因。

ཁ

無常的意思是變化。除了變化，生活中還有什麼呢？只要稍加留意就不難發現生命中的一切都是無常的。四季更迭，人事代謝，身體、情緒、思想，無一不在變化之中。

ག

無常像一個面貌醜陋、內心溫柔的怪人。不熟悉的人，害怕看見他的臉；了解他的人，能與他愉快相處。

ང

無常不好也不壞，開心還是傷心，全看自己的立場和態度，與無常沒有必然關係。佛陀希望我們明了：一切都會耗盡，一切都是無常，毫無例外。即使是佛陀本人也示現了疾病、衰老和圓寂。

༢

如果我們認為某些無常是好的、溫和的，可以接受的，某些無常則無法接受，這說明我們並沒有真正領會諸行無常的深意。說到底，我們還是不夠謙卑，不肯徹底放下心中的傲慢和成見去認識無常。

༣

每個人的生活都充滿變化起伏，有得有失，這是普遍的，也是自然的。假使你坦然接受無常是生命的規律，你會放鬆下來。

༤

萬事萬物都在變化中，因此不存在註定不變的命運。**我們甚至要感謝無常，因為它意味著凡事都有改變的可能。因為無常，我們永遠有希望。**

༥

倘若沒有無常，黑夜永遠等不到白天，低落的心情永遠盼不到陽光燦爛，得病的身體永遠不能恢復健康，離別的人永遠不能再相聚，這樣的世界想想都很糟糕，不是嗎？

人的一生中有順境也有逆境，然而無論何種際遇，如果能轉為道用，透過它認識生命的本質，就都是一生的財富，得失起伏無不是覺悟的契機。

有生就有滅，有聚就有散，這不過是事物的平常狀態。堅強或者脆弱，接受或者抗拒，生活都會繼續。

諸法無我

我們不喜歡無常，因為它總在試圖傳達另一個讓人深感威脅的信息：萬事萬物，包括我們自己在內都是「無我」的，沒有永恆、固有、實存的性質。

這個世界上最陌生的人就是自己，我們似乎從來沒有機會安靜下來好好了解自己。每天早晨在鏡子裡看到的那個人是「我」嗎？

人們相信有一個絕對存在的「我」，我的身體、我的想法、我的房子、我的家……這只是由於不了解自己而形成的誤解。

再美妙的身體也是由三十六種不淨物組成，人的肉眼只能看到皮膚這個表層，皮膚的下面是血和肉，如果沒有皮膚，你還會貪戀這樣的身體嗎？

一個人的身體，作為處於連續不斷、無窮無盡的逐漸變化中的聚合體，會存在幾年、幾十年或者上百年，而思想、情緒、感受等心識卻是念念生滅，更不具有常一性。如果身體不是「我」，剎那變化的心就更不可能是我了。

雖然迄今為止的科學發展還沒有最終印證佛法中所說的「空性」，但一些研究成果，尤其是量子力學，已具有足夠的說服力，使人們相信沒有實存、常一的我。原子、電子、質子、中子、微子……將某種物質現象如此分解下去，就算分解到最後不是虛空，而是某種終極微小的單位，這個單位也不可能是「我」。

任何時候都不要把「自我」的感受執著為真實。對自己太執著的話，沒法獲得解脫。

具備無我的見地之後，經過反覆觀修、體認，我執會逐漸弱化。佛教中分析和修行的方法都是用來幫助破除執著。只有當證悟無我時，困擾我們無量劫的痛苦才會當下消失。

在這個浮躁散亂的年代裡，很少有人能靜下心來莊重而專注地做事，所以我們的生活中少了很多優雅的東西。寧靜喜樂幫助我們找回內心的莊重和優雅。

—空性—

緣起性空

事物之所以無我，是因為它隨緣生滅。因緣具足現象產生，因緣缺乏現象就不會產生，因緣變化則現象變化，因緣消失則現象消失，這就是緣起。

無我不是虛無主義。在任何時候、任何情況下，緣起都同時具有兩層含義：空性和因果。講無我是講空性，講無我也是講因果。

「萬法皆空」這個空是緣起性空，無而顯、顯而空，不是不存在。你我的究竟本質是空性，卻仍有你我的顯現；事物的究竟本質是空性，仍有因果的顯現。

在生活中修無我需要雙管齊下，既要體認事物的無自性，通過有意識地削弱對自身和外物的貪執減輕痛苦，又要重視因果。無我、空性等觀點雖然殊勝，但一般人不容易理解，如果陷入斷滅的觀念，見解和行為反而會與正法背道而馳，覺悟、解脫更加遙遙無期。初學者從最基本也是最重要、最易於實行同時也最深奧的因果入手會比較穩妥、有效。

因果

佛說因果就像種子在條件具足時一定會結果。行住坐臥、言談舉止無不是因果，無不在取捨。一言一行、起心動念都會產生相應的後果，對自己和他人的生活造成影響，帶來改變。

行為的後果主要取決於它的動機，也就是發心。有些行為的後果很快顯現，有些要很久以後才能看到。如果一個行為的果報今生沒有成熟而你也沒有採取任何行動阻止其成熟的話，它一定會在下一世或更晚的時間成熟。

世上沒有無因無緣的事，每一件事的發生都是眾多因果關係共同作用的結果。

居住在同一個地方，生活環境也相同，有的人幸福安樂，有的人卻痛苦不堪，這也是因果的不可思議。

ཀྱ

由於認知能力有限，我們只能看到無限因果相續中的某個片段。當事情的來龍去脈在空間或時間的跨度上超越了當前的認知範圍時，我們會習慣性地懷疑是否凡事真的有因有果。可是要知道，想細說從頭，就連神通廣大的阿羅漢也不能完全知曉，只有成就了佛果才有遍知的能力。

མ

死亡只是當前生命的結束，這段生命所承載的因果仍將繼續，新的生命在繼承舊因果的同時又將造作新的因果。連接前世、今生、來世的，不是一個具體的「靈魂」，而是未斷的因果關係，因果的傳遞不會因為死亡而終止。

ཡ

由於行為的後果在性質和程度上不同，轉世便有了不同的屬性，這就是六道輪迴，轉生到哪一道完全由自己需要感受的業報決定。

ར

從煩惱痛苦中獲得解脫，關鍵在於謹慎取捨因果。

ལ

如果想快樂，就創造條件讓他人快樂；如果想免於痛苦，就不要傷害他人。從頭到尾都是自己對自己負責。

人們習慣把因果和報應相提並論，我卻不喜歡「報應」這個詞，因為它讓人感覺冷漠、疏離，帶著懲罰的意味。

一般人面對巨大的痛苦，往往怨天尤人、焦躁恐慌，或心灰意冷，好的學佛人因為懂得因果，懂得承擔和化解，所以能以一顆堅強而平淡的心去面對。必須承受的，就勇敢地承受；能夠轉化的，就努力轉化。

我們遭遇的困苦只是過去行為的一個結果，沒有理由責怪他人，也沒有必要自責。如果能以積極的心態對待它，那麼正在經歷的痛苦不僅完結了一段舊的因果，還會成為新的善因，開啟一連串正面的反應。

否定因果，人們就會身不由己地迷失在無常的洪流之中，而如果懂得自己無論做什麼，哪怕是最微小、最隱祕的念頭也必定產生後果，我們會自然而然地生起責任感，不再只顧眼前、為所欲為。

快樂

什麼是快樂？痛苦消失就是快樂。

快樂就在身邊，可是我們要麼因為心不夠靜，察覺不到，要麼因為它轉瞬即逝，我們來不及感受。

快樂其實很簡單，並不需要很多條件。再平凡的日子也充滿快樂。口渴的時候，喝口水會快樂；肚子餓了吃碗麵條會快樂；下班高峰的時候在地鐵裡意外得到一個座位會快樂。

如果不把快樂一味寄託於瞬息萬變的外部世界帶來的刺激，那麼快樂的感受是可以延長、擴大的。

有時候，人們並非不快樂，只是以為自己不快樂而已。試著觀察自己的情緒變化，我們會發現情緒就像天空的浮雲，變化多端又隨時消散。遠看一朵一朵彷彿人能在上面漫步起舞，走近才發現根本沒有立足之地。

ག

不要被情緒推著到處亂跑，轉過身正視它們，看它們從何而來，往哪裡去。事實上，你就是想不間斷地生一輩子氣、發一輩子愁，也是辦不到的。

ང

《阿含經》中講述了四念處的修行法門，就是從身、受、心、法著手，如實而又綿密地覺察自己的身心。在這種了了分明的覺察中，很多煩惱消失無蹤了。

ཅ

每天讓自己的心安靜片刻，只為單純地去聽、去看、去感受。

ཆ

事情過去了，就不要太煩惱、太生氣。生活原本就是變化無常，喜憂參半，甚至帶點混亂的。

ཇ

很多事情都不可強求，自己盡了心就好。做事之前善加考慮，從善意出發也盡心盡力了，即使結果仍不盡人意，這份善心依然會積累福報。

ཉ

想得太多所以不開心，心思單純，生活簡單就很好。

事情過去了，就不要太煩惱、太生氣。生活原本就是變化無常，喜憂參半，甚至帶點混亂的。

無論生活際遇如何，我們都要發願活得快樂。快樂的人生從接受缺憾開始，接受一個不那麼完美的自己，學會對自己說：「我不再需要什麼，我很滿意。」

涅槃

幸福源自內心的安寧。

輪迴不是指一個地方，而是心的狀態。心裡有貪婪、嗔恨、愚痴、傲慢、懷疑、邪見就是輪迴。心的不平垢染外現為山河大地、溝坎荊礫，種種悅意和不悅意的外境。心有局限導致眼、耳、鼻、舌、身、意的局限，以及生活際遇的百般痛苦缺憾。生老病死、苦難、分離、仇恨是輪迴，相聚愛戀及一切會消逝會演變成痛苦的都是輪迴。此心煩惱不歇，輪迴不止。

兩千多年前，釋迦牟尼佛在菩提樹下悟道，並在隨後的四十九年裡，傳講八萬四千法門引導眾生證悟實相。《華嚴經》中記載了佛陀這樣一句教言：無一眾生而不具有如來智慧，但以妄想顛倒執著而不證得；若離妄想，一切智、自然智、無礙智則得現前。

ང

很多習慣，尤其是心的習慣，讓我們看上去像個傻瓜，一而再、再而三地陷入困窘的境地。修行便是以溫和的方式改變這些習慣，使自己逐漸走出窘境，這就是出離。

ཅ

所有眾生都有一顆本自具足的菩提心。不論我們曾經多麼貪婪、殘暴、奸詐、愚昧，都從未令它有絲毫減損。它一直在那裡，從未離開我們，所以修行不為再去成就什麼、證明什麼，而只是引導我們放鬆下來，慢慢去貼近本心。

第二部

修行綱要

皈依

皈依

因為眾生的根基不同，所以釋迦牟尼佛安立了八萬四千法門，毫不誇張地說，所有眾生都能在佛法中找到適合自己的修持方法，而如法皈依是開啟一切正法之門，是修持這些佛法的前提。

ཀ

皈依是誓願將佛教作為自己的信仰，跟隨佛法僧三寶修學正法。當一個人真正從內心生起皈依三寶的善念時，這一定是往昔行持過很多善業的顯現。

ཁ

有人認為「佛祖心中留」就可以，沒必要非皈依不可。心中有佛很好，也是往昔積累諸多善業的顯現，但這還不夠。皈依是尋求三寶的加持，從六道輪迴中獲得解脫。不尋求皈依，就像掉進大海的人不主動尋求救護，無法獲得三寶究竟的加持。

ག

有些修法一定要有傳承才能修持，沒皈依的人不能得到傳法和灌頂，即使求到也不能如理如法地修持。皈依以後再求法，這才如理如法。

ཅ

印度大成就者阿底峽尊者曾說：皈依的戒體是別解脫戒、菩薩戒和密乘戒的基礎。不具備皈依戒，其他的戒體都無法得到，所以也不能修持相應的法門。佛法包括教法和證法，不實際修持無法實現解脫輪迴。

ཆ

阿底峽尊者是印藏公認的持教大德，也是在藏地開創佛法後弘期的領袖。他到藏地後，在法會上幾乎首先都是宣講皈依，被稱為「皈依班智達」。這樣的大成就者如此重視皈依，可想而知皈依的重要性。

ཇ

在上師面前按照儀軌受持皈依的戒體，才是真正的皈依。沒皈依的，就算自己平時燒香拜佛、持誦經文，也不真正是佛弟子，只有在皈依後才真正成為諸佛菩薩的弟子。

ཛ

凡夫的心很不穩定，如果不如法皈依，今天還在拜佛，明天也許就失去對佛法的信心。

ཀ

當你決定敞開心胸，毫無成見地向佛陀學習解脫之法後，需要在一位具有教法

快樂的人生從接受缺憾開始，接受一個不那麼完美的自己，
學會對自己說：「我不再需要什麼，我很滿意。」

傳承的修行者面前以身體和語言的行為莊重地表達自己的決心。這樣，你的決心將融入無數前輩、同輩及未來學佛者的決心之海，它不再是你一個人的決心，而是無數人共同的決心，並與佛陀的圓滿智慧一脈相承。

ཟ

修行涵蓋身、語、意三個方面。在修行的起點，身、語、意三門皈依具足是圓滿的緣起。

འ

皈依不是出家，釋迦牟尼佛制定的皈依戒是為了讓凡夫人能夠進入佛門，開始走上解脫的道路。守持皈依戒很容易，真心尋求解脫的人應該都能做到。對上師三寶生起不退的信心，任何情況下都不捨棄上師三寶，具有這樣的信心，就可以皈依。

ཡ

拿一張皈依證、得一個法名，這些並不是最重要的事。皈依最關鍵的是要從內心深處生起對上師三寶堅定的信心，無論遇到什麼違緣，哪怕生命的危險，也不捨棄上師三寶。假使始終沒有生起這樣的信心，即使手裡有皈依證，真正說來，也未必是佛教徒。

ར

藏族人都信佛，但是藏傳佛教的傳統裡，沒有皈依證這樣東西。缺少對三寶的堅定信心，不具有隨學三寶的誓願，就不能算是佛弟子。

這一生當中，沒有什麼比皈依三寶更重要。如果要詳細地講皈依三寶所獲得的利益與功德，可能幾天也講不完。皈依可以說是最重要的法門。

皈依不是修行的起點，它是整個修行。

為了輪迴當中所有的眾生都能脫離六道輪迴，最終成就佛的果位而皈依佛門，皈依時要發這樣的菩提心。發心為了自己今生財富圓滿、家庭和睦，這已經偏離了解脫的正道。

為了世間福報而皈依，今生肯定無法解脫；為了個人的解脫而皈依不會獲得佛果，這兩種都不是上等的發心。皈依時要以菩提心來攝持自己的發心。剛剛皈依就立即在相續中生起菩提心可能有點困難，但只要每天不斷地串習，經過長時間的修持，一定會生起。

皈依佛是將本師釋迦牟尼佛以及與釋迦佛一樣證得無上正等覺的十方三世諸佛，如阿彌陀佛、藥師佛等作為自己修行路上的唯一導師，除佛陀以外不尋求和皈依其他任何導師。

釋迦牟尼佛傳承下來的所有教法都是法寶，大乘、小乘，密宗、顯宗，全部是我們皈依的對境。佛陀為了度化不同根基的眾生，傳下八萬四千法門。皈依法是將這八萬四千法門全部作為自己尋求最究竟的安樂的方法和道路，除此以外不尋求其他的方法和道路。

皈依僧是指將釋迦牟尼佛教法下的僧伽作為自己修行路上的道友，除此以外不尋求其他的道友。按小乘佛法，四名以上的出家人可以稱作僧寶和僧團；按大乘佛法，只要現證空性，無論顯現是在家人還是出家人，一位就可以稱作僧寶，是我們皈依的對境。

皈依後就進入了佛門，以後一定要守持皈依的戒律。第一，從今以後對上師三寶始終保持堅定的信心，不退失信心；第二，恭敬對待上師三寶。不要把佛像、經書、僧衣和佛教用品等放到地上或其他不清淨的地方，更不能跨過去；第三，將上師三寶作為自己唯一的依怙。

佛教的寺廟或者佛教徒家裡一般都會供養佛像、佛經、佛塔等三寶所依。佛像和佛塔首先要裝藏，如法裝藏的佛像、佛塔具有殊勝的加持力，並能調節外在的地、水、火、風、空這五大元素。

裝藏所需的物品，比如五金、五木、五寶石、五藥、五穀、五布、五經咒等在經文中有詳細具體的說明；進行裝藏的必須是戒律清淨的出家人，要求也很嚴格，比如裝藏期間不能吃肉和蔥蒜，並最好守持八關齋戒；裝藏用的經文不能損毀；裝藏的過程要嚴格按照儀軌、如理如法。裝藏過程中絲毫的錯誤都會有很大的因果，對裝藏的人有非常大的影響。

開光是由具德上師念誦佛菩薩制定的開光儀軌，迎請諸佛菩薩降臨，將加持融入佛像、佛塔、經書等。對主持開光的上師的資格要求與灌頂上師完全相同。首先進行開光的應當是一位具德上師，不過以往有高僧大德開示過，念誦七遍以上的緣起咒，佛像就可以成為三寶所依，具有很大的加持；另外，應當依照佛菩薩與傳承上師制定、加持過的儀軌進行開光。具足這兩個條件的話，真正的具德上師一定有能力迎請到諸佛菩薩。

一些古老的佛像、經書非常珍貴，是因為在歷史上，有很多位傳承上師曾為它們進行過開光。開光後的經書、佛像與沒有開光的經書、佛像相比，加持與供養的功德天差地別。

皈依三寶後，只要不破皈依戒，即使今生也許沒能精進修持，下一世也肯定不會墮入地獄、惡鬼、旁生這三惡道，這得益於三寶的加持。

一定不要捨棄皈依三寶，如果你從心裡捨棄上師三寶的話，就失去了所有戒律的基礎，無法解脫。

戒殺茹素

佛法簡單地說就是不傷害眾生，並盡己所能地幫助眾生。皈依後就真正進入了佛門，成為佛菩薩的弟子，以後不能再傷害眾生，佛陀也曾發誓不傷害眾生。

一邊修持對眾生的菩提心，一邊造殺生的惡業，這是自相矛盾，修行不可能成功。

不殺生是佛弟子最基本的戒律，從別解脫戒到密乘戒的所有戒律中，都將不傷害眾生的生命作為重要內容。所有人都不會理解不了這條戒律。

大家應該在菜市場看到過雞鴨被宰殺時的情景，聽到過牠們的慘叫，看著這些可憐的眾生輕易就被奪取了性命，具有同情心的人都會於心不忍，更何況發願為利益眾生而學佛修行的佛弟子呢！

如果不從現在起就斷除殺生的行為，那麼今天造下的惡業將來果報一定會在自己身上成熟，惡業現前的時候，一切都為時已晚。到那時，無論身心怎樣痛苦你都別無選擇，只能承受。

如果國家有法律規定不能傷害眾生，觸犯的話處罰很重，比如要進監獄，那你一定不會殺生，因為你內心認可這條法律，你不敢犯。世間這麼一個小小的懲罰你都畏懼，而佛法裡對因果有更加詳細的開示，傷害眾生所感受的果報比這個懲罰要痛苦得多。能不能做到不殺生是自己心裡承不承認因果，信不信因果的問題。

我在藏地走過很多地方，去主持法會的地方沒有哪不發願不再殺生。發願不殺生的人，剛開始可能好像有些困難，但不久他們會過得很好，生活得很清淨。從因果的角度講，一個地區的信眾發願不殺生，修行善法，這個地方一定非常吉祥，人們的生活當然也會過得更好。

內心越來越寬闊、堅強、溫柔，這便是我們能得到的最好回報，也是自己快樂的源泉。

ཨ 殺生的人也很可憐，因為殺生的業障最重。有些人出生在世代以殺生為業的家庭，子承父業，或者實在沒有其他的技能，只能靠殺生養家糊口。想想他們真是可憐，同樣是為了生存，別人可以做輕鬆體面的工作，他們卻必須成年累月地待在令人作嘔的腥臭裡。

ཀ 有些地方的信眾，在法會上向我承諾三年不殺生，剛開始他們也覺得為難，擔心以後日子怎麼過。但是三年下來，他們過得很好，後來又來找我，想在我面前發願一輩子不殺生。

ཁ 為了生計造殺業，也許暫時能獲得錢財，但長久來看，會變得貧困，對今生和來世都沒好處。不殺生會過得更好，因果一點也不會錯亂。

ག 皈依後最好能吃素。如果因為身體、工作等原因，暫時做不到吃素，至少不要吃活魚、活雞、活蝦等活物。非要吃肉的話，吃三淨肉，否則一定不要吃。

ང 只要吃肉就會有因果，雖然吃三淨肉的果報也很大，但比起為自己殺的要好很多。

༢

有人以為藏傳佛教可以吃肉，漢傳佛教不可以吃肉，大乘佛教可以吃肉，小乘佛教不可以吃肉，這些都是誤解。大乘、小乘，藏傳、漢傳或南傳，戒殺吃素是共同提倡的。

༣

藏傳佛教與漢傳佛教都是釋迦牟尼佛傳承下來的教法，沒有分別。不傷害任何眾生，盡可能做到不食肉為藏傳佛教和漢傳佛教共同倡導。吃不吃肉完全是個人行為，與藏傳佛教和漢傳佛教本身沒有任何關係，也就更不是區分藏傳和漢傳佛教的標準。

༤

吃素不但能使今生健康長壽，對將來的往生也有很大幫助。現代科學也已經證實了素食有益健康。

༥

有的人習氣重，每天都要吃肉，這樣的人可以逐漸減少吃肉，比如剛開始在每個月佛菩薩的節日吃素，然後在更長的期間裡比如神變月、佛陀轉法輪月堅持吃素，慢慢形成素食的習慣，一步一步來，直到最後能夠徹底斷除吃肉。

༦

吃素也是放生，少吃肉能拯救很多眾生的性命，這是我對大家的希望。

祈禱

佛法是如意寶，誰祈禱誰得利益。

༡

皈依以後要對上師三寶有堅定的信心，恭敬上師三寶，時時刻刻向上師三寶祈禱，不斷增上信心，這樣才能得到諸佛最究竟的加持和最圓滿的成就。

༢

常常有人跟我說：祈禱上師三寶了，可是沒得到加持。能否感應到上師三寶的加持，完全看自己的信心。心存疑慮，抱著試試看的態度，彷彿想檢測三寶的能力。以這種心態，很難說能夠在多大程度上感應到加持。

༣

佛菩薩的加持力也就是他們護佑眾生的願力，這種願力極其強大，像西方極樂世界那樣廣大莊嚴的諸多清淨剎土都完全是由佛菩薩的願力所化現，所以不要懷疑諸佛菩薩是否有護佑眾生的力量，關鍵是自己心裡是否真的相信並願意接納佛菩薩的加持。

༤

我的一位上師晉旺堪布年輕時在法王如意寶晉美彭措座下學習，顯現上成績不太好，總不能理解法義，於是他向文殊菩薩至誠祈禱，如法念誦了幾億遍文殊心咒。

再進行聞思，輕輕鬆鬆便通達了五部大論，成為佛法再弘期藏地第一流的大堪布，講課時滔滔不絕、旁徵博引，經文論典全部諳熟於心。

修法要有信願。信心不是嘴上說相信，是心裡認定一件事就豁出去做，不計較要為此付出多少代價，也沒想過這事會辦不成，更沒想過可以選擇不做。

不論遇到什麼情況，順境或逆境，都不能捨棄三寶，忘記三寶的加持。不要只在逆境時才臨時抱佛腳，順利的時候更要牢記佛陀的教誨。

學佛人經歷順境，不要太執著，要知道這只是前世所積累的福報。我們在這一世真正地發願生生世世能夠利益眾生，發願好好學佛才是最重要的。

遇到違緣，不過是前世的因果，不用懼怕。這時務必堅定對三寶的信心，從心底深信三寶不可思議的加持力，憑藉這種信心，一定能克服違緣，邁過生命中的坎。

時常在心裡祈禱上師三寶。對三寶信心不變、堅定不移，極樂世界的大門就打開了。

不要執著所謂的根器，只要對上師三寶具足信心，就一定會得到上師三寶的加持。

三寶的加持，關乎我們內心的轉化。不論通過何種形式表達對三寶的皈依，如果我們的內心因此而持續地向良善的方向轉化，空性的見解和菩提心不斷增上，那便是得到了護佑和加持，因為沒有什麼比這更能讓一個人的內心堅韌、寬廣。

善良

無論什麼樣的外表，過兩年都會衰老。人不同的是心，在這個世界上沒有什麼比善良的心地更加珍貴，善良的人是最值得尊敬和讚歎的人。

學佛和做人是一回事，不是學佛是一套，做人又是一套。人道完善，佛道成立。

人品是修行的基礎，沒有基礎，修行便像在空中蓋樓，不牢靠。佛法在世間法上體現為高尚的人格，高尚的人格反過來也是學佛的基礎。為人有問題，學佛時會產生很大的違緣。

ཁ

富有、能說會道、勇猛善戰未必是好人，在我們的傳統裡，好人的根本歸結起來就是一點：心地善良。

ག

善良可以說是學佛人最核心的品質。法王如意寶的教言裡寫了：善心不訛、穩定不變、脾氣好、有智慧的才是好人。

ང

有的人性格孤僻，不能溫和、賢善地與人相處，他們不知道，眾生是學佛人的福田。

ཅ

當一個佛弟子在相續中真正生起了對眾生的慈悲心時，他自然而然地便不會傷害任何眾生，也會與周圍的人和睦相處，這對修行也是很好的助緣。

ཆ

學佛是用來觀察自己，不是用來觀察別人的，要管好自己，不要總看別人的過失。一切外境只是自心的顯現，心清淨，外境自然清淨。

痛苦由執著而來，所以我們實際要遠離的是執著，對自己和對周遭事物的執著。

做人要謙虛，勇於聽取別人的意見，否則永遠沒進步。別太拿自己當回事，就不會固執己見。

一個佛弟子會越來越謙卑，對他人越來越有恭敬心。對所有人都謙卑，這是一個尊重自己信仰的弟子真正把佛法融入於心的體現，也是佛教徒最明顯的特點。

身為佛教徒，在任何時候，說話、做事，都不能傷害眾生的心，也不要誹謗其他宗教。法王如意寶示現圓寂前叮囑我們：「不亂他心。」

我們周圍還有很多親人、朋友，因為種種原因沒有皈依三寶，仍在這個幻化的世界中為了所謂的安樂日夜奔波，他們追求的是安樂，所做所為卻全是痛苦之因。有些人雖然已經皈依，但仍會做出一些不如法的行為。雖然我們沒有能力讓這些親朋好友立刻皈依，或停止不善業，但我們可以通過自己身心的變化慢慢引導他們，讓他們看到佛法的加持。

我遇到過一位女士，她說自己本來對佛法很有信心，考慮過皈依，但看到周圍不少已經皈依的人一面舉著皈依證大談佛法，一面在為人處世上表現得很差，所以她打消了皈依的念頭。我向她解釋她看到的人只在表面上皈依，並沒有將佛法融入相續。佛弟子在修持佛法的同時，一定還要完善自己的人格。否則會讓別人像這位女士一樣，對佛法產生偏見。

ད

無論修法還是日常生活中，都要時刻銘記自己是佛教徒，不要做出不如法行為給佛教造成損害。也許我們對佛法沒什麼貢獻，但絕不能做出損害佛法的事情，否則我們愧對釋迦牟尼佛！

ན

善良的人不一定聰明能幹，但肯定正直。

པ

在這個物欲橫流、道德觀、價值觀混亂的時代，要自始至終做一個善良正直的人很難，有太多的誘惑、太多似是而非的理由，讓我們懷疑堅持心中的良善是否真有意義。不管自己再怎樣受苦、受委屈、受傷害，永遠都不要放棄內心的善良。

ཕ

人心是相通的，如果我們護持著心中的善願，他人必定能感受到它的溫暖，儘管他們也許會不承認或不表現出來。當我們向他人表達善意時，如果不期待對方也同樣做出善意的反應，我們就會更加輕鬆、投入。

ག

內心越來越寬闊、堅強、溫柔，這便是我們能得到的最好回報，也是自己快樂的源泉。

ང

世出世間，只有善良的心地裡能開出安樂的花朵。宗喀巴大師說過：心地善良的人今生來世都會過得安樂。

ཅ

善良的人如果堅定而穩重，一旦開始修行，解脫便不遠了。

—出 離—

出離心

有個弟子跟我說不喜歡無常。有輪迴就有無常，不喜歡無常就應該努力尋求解脫。

ཚ

大家可能因為各種原因還需要繼續從事世間的工作，但不論做什麼，都一定要把從輪迴中獲得解脫作為人生的最終目標，缺少這份出離心無法脫離痛苦。

ཙ

希求今生美滿、升官發財，來世投生善趣接著享福，以這種求人天福報的心持戒、修行，無論怎樣努力勤奮也不是解脫、究竟證悟的因。

ཤ

不是每個人生來就有出離心，在一開始就能純粹地為了解脫而學佛，大多數人的起點沒有這麼高。很多人剛入佛門時，是因為遇到了難事，求佛菩薩幫忙，要不就是求福報，求平安，希望這輩子能少點磨難多點快樂。出離心要一步步地培養。

ད

有多少人真的認為輪迴不值得留戀呢？有人或許會想：是呀，輪迴很可惡，的確應該像上師說的那樣尋求解脫出離輪迴，從此過上幸福生活，這輩子不會再生病，夫妻恩愛，子女乖巧……一切稱心如意，再也沒有煩心事。至於下輩子，肯定更好，從一開始就沒完沒了地享福，因為擺脫輪迴了嘛。如果這就是你追求的「解脫」，恐怕沒有比這更真實的輪迴。

ཐ

人這一輩子，溝溝坎坎是填不完的。快樂不是沒有，轉瞬即逝。多好的緣分，多好的人，說散也就散了。這世間的事沒道理可講，你不學佛，不生出離心，一切也是轉頭成空。知道世間法有多麼靠不住，修出離心才算是有點影子了。

ད

開門見山就談出離心，很多人沒法接受，可是要繞過出離心先說別的，人生不過短短幾十年，東繞西繞，轉眼就沒了。佛教的修行，再怎麼繞終歸要回到出離心上來。

ན

在家學佛的人容易犯一個毛病，就是名利財色統統都要，一點不虧待自己，最後還想要解脫，要成佛，覺得世間出世間兩不耽誤，才叫有本事。你跟他談出離心，他覺得你小裡小氣，沒有大乘氣象。的確有很多大菩薩示現不離凡俗享受五欲，但大菩薩「心無掛礙，無有恐怖，遠離顛倒夢想」，五欲動搖不了他。自己是什麼程度自己知道，如果沒到這種境界，還是老老實實盡量遠離誘惑障難為好。

ང

社會上很多人羨慕權勢、財富和能力，但這些東西若運用不當，便會成為造惡的條件。人生短暫，榮華富貴到頭也不過幾十年，死時什麼都帶不走，反而因為放不下的東西更多而越發痛苦。

ཅ

錢夠用就可以，沒有必要擁有太多。高官巨賈、名人偶像，在面對死亡時都一樣的無助，這時候財富、榮耀都起不到作用，只有修法能有幫助。現在不抓緊時間修行，想一想死亡來臨的時候該怎麼辦？

ཆ

不要想著等孩子大了、錢掙夠了、有空閒了再修法，這個想法不一定會實現，到那時也許又有別的原因不能修法。**世俗的事只要不停下來，永遠不會結束。但無常說來就來，現在就應該抽出時間修法，再忙也要修。**

ཇ

很多人覺得念佛是老年人的事，總說：「這幾年我很忙，等將來退休了再修行。」佛法的聞思修是天下最難行之事，應該在精力充沛的青壯年時期就開始行持。壽命無常，不要說活到退休，就是明年還在不在人世也難以斷定。

慈悲不僅是針對他人，也針對自己，並且首先是針對自己。缺少對自己的慈悲，很難真正對他人慈悲。

ཅི

人們輕易就忘記老之將至，死亡不可避免。年輕人總以為無常不會那麼快來到，很多老年人也是這樣，彷彿相信自己能夠一直活下去。年紀輕輕就離開人世的很多，老人更是沒有多少時間了，頭上的頭髮和口中的牙齒都在提醒，生命很快就要結束。人到暮年，很脆弱也很關鍵，說不定一兩年，甚至一兩個月以後就不得不離開這個世界。

ཆི

生命很脆弱，一口氣上不來就死了。在這個世界上，幫助活著的助緣很少，招致死亡的情況很多，有病死的、有老死的、有野外死的，食物中毒死的也有。

ཇི

這座城市這麼大，聽說有一千多萬人口，用不了幾十年的時間，這一千多萬人都將離開這個世界，而在他們當中又能有多少人得到解脫的安樂？想到這，我怎麼也高興不起來。

ཉི

我們的身體逐年衰老，終將死亡，在生與死之間還有疾病和各種事故的侵擾，一生當中可以用來積累福慧資糧、追求解脫的自由時間並不多，而我們卻把這寶貴的人生浪費在瑣碎、無聊的事情上，拼命試圖維持正在不斷消逝的事物，甚至為此造下惡業。

ཏ

能將世俗的事全都放下，專心致志修法是最好的，但這很難做到，別說是在家人，一般的出家人也很難做到。然而無論如何也不要很努力地忙俗事，對自己的解脫大事卻不上心。世俗中再大的事與解脫相比都是微不足道的。

ཐ

釋迦牟尼佛放棄舒適榮耀的宮廷生活，捨俗出家，經歷六年苦行，而且在悟道後幾十年的傳法生涯中過簡單清淨的生活，這種示現不是無緣無故的。佛陀為後人示現了修行之路。雖然不是所有人都必須出家，但一點也不放棄世俗生活的快樂享用，一邊不停歇地追名逐利、散亂攀緣，一邊想修行解脫道，這不可能。

ད

相續中應當對整個六道輪迴生起真實的厭離心，逐漸放棄對現世享樂的希求，一心一意尋求解脫。不捨棄對今生來世的貪戀，就不能從六道輪迴中解脫。

ན

即使暫時還做不到完全捨棄今生的享樂受用，至少心裡要有一個信念，時常提醒自己：這些都可有可無，暫時的生活方式而已，我的最終目標是解脫。

པ

人的貪欲很難滿足，有了一百萬，想一千萬；有了一千萬，想一個億。這樣下去永無止境，生命卻在追逐貪欲中一天天地縮短。到死亡來臨時，不用說一生辛苦積攢的財富，就連自己的這個肉身也帶不走。

在這個幻化的世界裡沒有什麼東西是恆常不變的，總有一天，我們都會離開自己執著的親人和追求的名利，而且，誰也不知道這一天會在什麼時候，以什麼方式到來。

在家人生活在社會上肯定需要一些資糧，不僅是你們，我也一樣，如果沒有一點資糧確實很難生活下去。但作為一個學佛的人，追求的是真正的解脫，吃、穿夠用就可以了。

真正追求解脫的人不用過分擔心世間福報，佛陀教授的八萬四千法門，無一不是在幫助我們積累福德和智慧二種資糧。只要以利益眾生的發心修持佛法、積資淨障，就像點火的同時煙自然會生起一樣，在圓滿解脫與成就資糧的同時，今生的安樂會自然獲得。修行是為解脫不為求福報，但福報自然伴生。

世間的榮華富貴其實並不難求，也不需要很大的福報。但是，縱然洪福齊天，也逃不出生老病死；滿目繁華，愛恨情仇，轉眼就煙消雲散。若能勘破這個，生起出離心、菩提心，才是真正具大福報。

ཨ

世間的人為了維持生計，吃盡苦頭，而這樣飽受痛苦的一生，到頭來卻沒有什麼意義，今生鮮有快樂可言，來世也不能保證幸福。既然如此，不如立刻出離這一切煩惱。修行就算苦，也不會比世俗生活中的苦更多，回報卻遠遠勝過庸庸碌碌一生的回報。

ཨ

在家人身份的，尤其不能忘記自己是修行人，雖然也朝九晚五為生活打拼，但終究與一般人不同。別人想的是如何出人頭地，你想的是如何盡早結束這頭出頭沒的輪迴；別人可以隨心所欲、隨波逐流，而你，懈怠放逸了要心生慚愧。

放下

傳統上，我們把出離心解釋為厭離輪迴痛苦、追求解脫安樂的心。痛苦由執著而來，所以我們實際要遠離的是執著，對自己和對周遭事物的執著。

ཨཱུ

有些人借助佛教修行來治療感情的創傷、豐富靈修的體驗、見光見影與宇宙融合等等。我不知道佛法能在多大程度上幫你挽回你男朋友或女朋友的心，或者幫你順利地從一段感情過度到另一段感情。我想效果不會很大，因為佛法教的是怎樣減少執著，這恰恰是你最不能接受的，你最多只能做到不跟這個人繼續糾纏，但你做不到不再糾纏。很遺憾，許多人註定要在學佛的過程中體會失望的滋味。

面對生活的瑣碎和挫折，有時難免會厭煩得想一走了之。可厭煩歸厭煩，真狠下心來跟過去、現在做了斷的不多。

功名利祿、是非功過，或是感情，生活裡有太多的東西，不是那麼輕易就能放開。要放下，說起來容易做起來難。習氣若是那樣容易改變，這世上的人恐怕早就解脫了。大概很多人都會同意：修出離心是最讓他們感到挫敗的經歷，有時甚至比修慈悲更讓人為難。

從抓取轉向捨棄，彷彿是個重大選擇，而實際上我們別無選擇。不管願不願意，我們一生都在失去。青春、歡笑、淚水、成功、失敗、愛、恨、乃至整個世界，都會離我們而去。

看看現在的自己，仍然活著，仍然能夠感受喜悅和美好，儘管幾十年的人生已經遺失，許多自認為捨不掉的東西也都捨棄。我們深深執著的人、事、一切狀態，沒有一樣是不可或缺的。**我們突然間發現，其實自己從一開始就沒有什麼好失去的。**

如果你表面放下了，但心裡還有很大的不平，處處想顯出自己的高明，那麼你的厭世不過是另一種競爭手段，與解脫無關。

不要把厭煩當作出離心。有的弟子心裡煩躁，跟我說要「閉關」，我不便反對，雖然心裡的煩惱不可能被一扇門關在外面，但關起門來修修法也好，也許由此為緣起，心能慢慢安靜下來漸次走上修法的正軌。

別老琢磨自己是悲觀主義還是樂觀主義，這不重要。我們喜歡貼標籤，積極、消極、樂觀、悲觀，其實佛陀並沒有教我們應該樂觀還是悲觀，他只是說要放下執著。放下了執著不等於變得消極、悲觀，相反，正是因為放不下，對某些人、某些事、自己的某種經歷太執著，才會悲觀厭世。

與世無爭不是做做樣子，是心裡真覺得這世間的五光十色沒什麼好。

這世界上恐怕找不到一個徹頭徹尾快樂的人，輪迴裡任何一種生命形態都不能免於痛苦，所以才要出離。

自卑與自負一樣，遮蔽了我們的當下，使我們不能清楚地認識自己，同時也阻礙了我們與外界的交流。因為缺乏交流，我們感覺孤單、孤立。

ༀ

捨棄今生的真正含義是捨棄得、失、毀、譽、稱、譏、苦、樂這世間八法。不希求安逸富足、被讚美、被關注，不懼怕磨難挫折、被詆毀、被忽視。寵辱不驚，安貧樂道。自古以來談個人修養必定提到這些，只不過佛教的修行人百般磨礪不是單純為了追求人格的完善，也不為流芳百世，而是認識到得、失、毀、譽、稱、譏、苦、樂原本無實質可言，執著於此不僅沒有意義，而且妨礙對實相的認知。

ༀ

遠離世間八法是真出世，否則把頭剃了，苦行也好，閉關也好，東奔西跑做出各種讓人稱奇的事也好，都是在世間法裡打轉，都是為了增飾今生。阿底峽尊者曾說：縱然具備智慧超群、戒律清淨、講經說法、觀修境界等等功德，如果沒有捨棄世間八法，一切所為也只能成為現世的生計。

ༀ

大圓滿龍欽寧提傳承上師玉科夏扎仁波切晚年住在色達附近，法王如意寶那時十幾歲，還沒有去石渠求學。一天，他去拜訪夏扎仁波切，進門後看見仁波切的屋子大而舒適，裡面擺滿了三寶所依和書籍，不禁問道：「您不是夏扎瓦（捨世行者）嗎？怎麼還有這麼多財物？」素以嚴肅著稱的夏扎仁波切聽到這個孩子大膽而直接的問題，笑了起來，說：「不愧是嘉貢宗族的後代，什麼都不怕呀！孩子，『夏扎瓦』的意思是指某人已經斷除了對財富或世間的貪著，而不是指表面貧窮、內心卻渴望財富的人。」

什麼都可以是執著。這就使出離成為一件不得不心無旁騖、精進不懈去做的事，因為事事處處、時時刻刻都是陷阱。

心裡放下才是真放下。出離就是這樣。不看表象，只看內心。

死亡

鮮花確實很美，但用不了多久，就會凋謝。我們的生命也是一樣，今天還是青春年少，但用不了多久，無常就會不期而至。

也許是因為我身份的原因，周圍認識我的人當有親戚朋友遇到不幸、災難之類的事，總會告訴我，希望我能給他們一些安慰和幫助，所以幾乎每一天，我都會聽到一些壞消息。這給我很好的機會，讓我熟悉人間的苦難、世事的無常，也讓我迫切感受到修行的重要。

ཁ

有位弟子的鄰居是一名身價很高的大企業家，平時身體看上去頗為健康。在一個項目的慶功宴上，他只喝了兩小杯就突然死在了酒席上。他本來還計劃著開發下一個更大的項目。下一個項目沒看到，自己卻已經離開了人世。而且他剛去世，家裡人就為爭奪遺產打得不可開交。一個人如果用所有精力去追求世間的財富，最終的結局可能都是這樣。

ག

從出生開始，我們就在一步一步走向死亡。生命非常脆弱，在這個世界上，任何事物都可能殺死你，而你又沒有什麼方法來保護自己，可能在任何時間、因任何原因而死亡。一定要把無常的道理深深印在心上，對抗「自我」的謊言。

གྷ

無常是不看年齡的，就像漢族人常說的那句俗話，「黃泉路上無老幼」。往往就在你最意想不到的時刻，死亡突然降臨，說走就走，沒有半點通融，再多的牽掛也得放下。

ང

曾經有一個女孩子來見我，當時她只有十七歲，在國外留學。她說一位同學的父親在國際上很有名望，家中也很富裕，衣食住用都是世界上最好的。但不久前這位同學的父親檢查出患有白血病，他們全家都非常痛苦，尤其是患者本人，終日生活在死亡的陰影裡，極度恐懼。此時此刻，他一生所積累的金錢、地位絲毫沒能減輕他的痛苦，反而因為執著，更加深了痛苦。這個十七歲的女孩對此深有感觸，她對我說：「一個人即將離開這個世界的時候，財富和地位帶不來絲毫利益，所以我不會拼盡全力去追求金錢、地位，畢業後我想回國過簡單的生活，努力地修學佛法，尋求真正的解脫。」這個女孩子家庭條件也非常好，成長一帆風順，但她在這個年齡就能對人生有這樣的感悟讓我十分吃驚。閱歷比她多很多的成年人，更應該知道如何取捨。

一個人如果沒有學習佛法，不管多麼富有，怎樣聲名顯赫，在生死關頭，都是痛苦無助的。

由於佛陀的無量悲心與深廣智慧，使得佛陀傳承下來的教法對所有的眾生都會有極大的幫助，特別是在面對生死的時候。在生死關頭，用畢生精力換來的富貴，遠不如一句觀音菩薩心咒更有加持。

我認識的許多老年居士，因為年輕時精進修持佛法，到了暮年身心自在，快樂充實。一個人如果真正將佛法作為一生的信仰，一定能得到上師三寶不可思議的加持，面對死亡時會非常從容。

眾生因因緣和業力得到的這個人身本來就是脆弱、無常的，在生死關頭也是最能考驗一個人修行的時候。臨終時，平時所修學的菩提心、慈悲心一定不要忘記。另外，世間的一切全部要真正地放下，如果有一點執著，都會對往生產生很大的障礙。

我在福建有位弟子，皈依後的幾年裡一直都很精進地修法，後來查出癌症末期。面對快要結束的生命，她一點沒有慌亂，把一切安排妥當，平時供養的佛像也都結緣給了道友。她擔心自己在彌留之際會神志不清，對往生產生障礙，所以決定不打止痛針，並囑咐家人在最後時刻不要讓自己最執著的外孫出現在病床前。家人雖然不信佛，但還是尊重她的意願。這位居士臨終時，她的女兒給我打來電話，說母親很快不行了。我讓她女兒把電話放到母親耳邊，通過電話為她念誦了頗瓦法和佛菩薩的名號。大約三十分鐘後，家人看見她雙手合十，表情安詳，順利往生。家人因此對佛法生起了強大的信心，後來都皈依了三寶。

以前請我去超度的人家，答應不殺生我才去，現在不一定了，有時臨終前請我去修法我也會去，因為親眼見到快要死的人，很容易生起出離心和菩提心。他們常常抓住我的衣服，說不想下地獄，不想死。看著他們，我想所有的人包括我自己最後都要走，到這個時候，情感、物質，都沒有用，什麼都幫不上。

欲望多不一定是積極樂觀。喇榮五明佛學院的很多出家人以世間標準而言，可以說是一無所有，一般人身處其境大概要愁死了，但是他們每天都很快樂，年輕人朝氣蓬勃，老年人安詳喜樂，勤奮地聞思修行，對未來充滿了信心。每過一天，就向解脫邁進一步。他們說：今生是如此幸福，能依止具德上師聽聞殊勝妙法，依教奉行；來世也不用擔心，因為自己戒律清淨，每天都在精進地積資懺障。如果你去過學院，看過那裡出家人燦爛的笑容，你會知道他們說的是真心話。大家可以想一想，自己在物質上比這些出家人富裕不知多少倍，而他們自在快樂，對未來充滿信心；自己卻總是焦慮不安，擁有得再多也覺得未來沒有保障。為什麼呢？

明天和死亡，不知道哪個會更先到來。夜深人靜的時候，躺在床上仔細想想，如果現在死了會去什麼地方？你們可能會想到自己這一生到目前還沒做過什麼功德。

尋遍整個南瞻部洲，能夠讓我們今生得到安樂、脫離苦海的只有佛法。能在這一世得遇佛法，一定要好好修持。我們現在的這個人身也是前世積累了很多功德才得到的。要善用它，努力修法，向著光明的方向努力。

ཏ

短短幾十年，我們要承受大大小小無數的變故，一次一次痛苦地面對親友的離世，最後是自己離開。

ཐ

只有修行成就很高的人才能生死自如，在死亡來臨時自主地決定何去何從。一般人在感受到死亡的劇痛時，都不免驚慌失措，全然忘記平日的修行，喪失對中陰境相的判斷力而誤入歧途，失去解脫的寶貴機會。這個時候，如果有人在一旁安慰、提醒、引導亡者克服死後的驚恐，鎮定下來，清晰無誤體認自性之明光，或者辨認其後出現的諸佛菩薩清淨剎土之顯現，那麼亡者即可獲得解脫。

ད

面對死亡，順利地走過死後中陰的陷阱，是藏族人生命中的大事。闔家團圓從來不是我們心目中幸福的體現。我們最大的幸福是解脫，只要一家人都走在通向解脫的路上就滿足了。

ན

你如果真心對誰好，就讓他學佛，發願一起往生淨土。

པ

對佛教徒來說，幫助親人獲得解脫就是對他們最有力、最有意義的關懷。全家都學佛，才是真正的安樂家庭。

因緣具足才能入佛門、求解脫。一些人從世俗的角度來說，也許聰明能幹，然而，如果這種聰明和能力只是用來謀求衣食，甚至用來造惡，那麼長劫累世積累福報得來的這個人身，不但毫無意義地空耗了，而且成為投生惡趣的因緣。

全球二百多個國家，七十多億人口，信佛的也就只有幾個億，真正能精進修行的就更少了。在地球上的很多地方，一億個人裡也看不到一個手拿念珠的人。

我們真的不知道暇滿人身──這個可以用來修行正法、尋求解脫的人身有多麼殊勝。我們需要更仔細地去觀察自己以及周圍的人的生活，結合實際去體會在這個世界上要具備得人身、業際不顛倒、聞佛法、生正信等等條件何其困難。

靠殺生、欺騙、偷盜、邪淫等方式謀生的人不在少數，所謂業際顛倒就是這樣。他們需要造很大的惡業，才能換來少許的衣食受用。

天道眾生雖然受用具足、無衰無病、無憂無慮，福報比人大得多，卻少有解脫的緣分。因為他們生活得太安逸，不知痛苦、匱乏是什麼，又對安樂富足習以為常，很難生起求解脫的心。天人只有在漫長的生命即將結束時才突然警醒，原來痛苦下墮時時刻刻都在逼近，而這時再想做點什麼逃離痛苦，已經來不及了。

ཧ

人道眾生無可避免地要在短暫的一生中經歷憂患變遷，本能地會對痛苦生起畏懼、躲避之心，希求安樂。如果有機會得到正確的引導，會進一步認識到世人所追求的功名富貴、健康長壽等幸福也是無常的，終不離痛苦。輪迴中痛苦普遍存在，要想徹底地離苦得樂，只有解脫輪迴。

མ

雖說地球上人口的數量已經超過七十億，但比起三惡道眾生的數量來，人又是那麼少。地獄與惡鬼道裡眾生的數量數也數不清，旁生道少一點，可是與人道相差也是幾百萬倍不止，光一個山谷裡的生命都比全球的人口多很多。

ཡ

地獄、惡鬼、旁生這三惡道裡痛苦比較輕的是旁生道，但旁生道的眾生就算是獅子、老虎，也隨時有生命危險，總是處於恐懼之中，為了填飽肚子都得去殺害別的生命。

ར

馬、牛、羊和人類活動比較近。牛在青壯年的時候一直拉重物，老了就被殺死吃掉；母牛一直在擠奶。這些動物今世痛苦，來世也不會好的，越來越苦。

ལ

有的動物長得很可愛，聰明乖巧，被人類養起來作寵物，主人對寵物也是百般疼愛，貓有貓糧，狗有狗糧，還打扮起來參加比賽。可是，再名貴的寵物也有生老病死的痛苦，也會有貪心、嗔心而導致內心痛苦，而且，動物的天性都是喜歡自由的，被關在再舒適的房子裡，也像坐監獄一樣。最重要的是，叫牠們念一句佛號牠們也念不來，完全不可能通過修行改變自己的命運。

ཤ

人生苦樂參半，有足夠的痛苦讓我們生起對解脫的嚮往，又不至於太過痛苦而無力無暇朝解脫的方向努力。**生老病死、悲歡離合，幸福的、悲慘的、成功的、潦倒的，人生的種種經歷，無一不在啟發我們覺悟。**

ས

得到了這個人身，想獲得解脫的話，是有條件的。條件具足時，要抓緊時間修行，不要一拖再拖。「人身一失，萬劫難復」，不在這個難得的機會裡精進修行，謹慎取捨因果，斷除惡業，將來再想得到人身非常困難。

ཧ

扎西持林附近有位老人常常殺生，後來他病得很重，請達森堪布過去。老人哭得很厲害，說：「希阿榮博上師說不要殺生、不要造業，現在才明白這些話是對我們說的。你們說過要好好發願，我沒有做到；你們讓我修法我也沒好好修。如果你能幫助延長壽命，哪怕只有一年，我發願一年裡一點時間也不浪費，好好修法。」
達森堪布回來後一直感嘆這個老人很可憐。

༤

如果不趁著自己身心自由的時候好好修行，死亡降臨時會非常痛苦，那時候再怎麼後悔也來不及了。如果現在就開始努力精進，那麼越接近死亡，身心會越自在。

༥

既然得到了如珍寶般的人身，就絕不能讓這個人身在無意義的瑣事中空耗。抓緊時間精進修法，任何情況下都不應該停止，這是我對大家的一點希望。而且如果我們能利用有限的生命利益眾生，那麼我們所獲得的這個人身可以說是非常有意義。

༦

因為暇滿難得，所以要善用此生多多行善；因為人生無常，所以行善要趁早；因為因果不虛、輪迴過患，所以一定要行持能帶來解脫的善法。

居士戒

修行的方法很多，但基礎是戒律，根本也是戒律。無論修什麼法，都要以清淨的戒律為基礎。戒律就像樹木的根，樹根長得好，樹幹肯定會生長。有了戒律，功德自然會增長。

皈依以後成為佛弟子，具體而言，釋迦牟尼佛教下的四眾弟子分別為比丘、比丘尼、優婆塞、優婆夷，也就是出家男眾、出家女眾、在家男眾和在家女眾。

出家人受沙彌戒、比丘戒，在家人受居士戒，否則很難得到菩薩戒、密乘戒。能夠守出家戒的話，最好守出家戒，守不了出家戒，應該守居士戒，哪怕只守一條。

末法時期眾生貪嗔痴煩惱粗重，守戒很難，但功德也大。釋迦牟尼佛說過，末法時期守持一天清淨戒律的功德，比佛陀在世時守持二百五十三條比丘戒的功德還大；以三千大千世界的七寶供養十方三世諸佛的功德，不如在末法時期守持一天清

在觀察自己的過程中，如果我們足夠誠實和專注，就會發現很多時候我們都在不知不覺中傷害了自己和他人。

淨戒律的功德。

༢

在釋迦牟尼佛教法下即使只受一條居士戒，在不破戒的前提下，即使沒能精進修行，最遲也會在賢劫第五佛彌勒佛示現成佛後出世轉法輪時，成為首批眷屬而從六道輪迴中獲得解脫。

༣

有人可能會想，如果來世往生到了阿彌陀佛的西方極樂世界，或者修行密法成就了，即身成佛，怎麼還會成為彌勒佛的眷屬呢？這不矛盾。只要我們是釋迦牟尼佛教法下的四眾弟子，有利益眾生的心願，在彌勒佛成佛時，由於願力成熟，也會像觀音菩薩、文殊菩薩一樣，示現為彌勒佛的弟子，在南瞻部洲跟隨彌勒佛一起度化眾生。

༤

眾生的根基不同，諸佛的願力也不同。有的眾生要以佛的形象度化，有的眾生要以菩薩的形象來度化，有的眾生要以羅漢的形象來度化，所以諸佛會以悲心幻化各種形象來度化眾生。事實上，觀世音菩薩、文殊菩薩很早以前就成就了佛果，是古佛再來。

༥

上師為臨終的人修法，修頗瓦、念經、打開密法壇城，這些功德不可思議，但最好亡者自身帶著清淨的戒體，對解脫有很大的幫助，除非能請到頗瓦修得非常好的上師。

༣

在家人的居士戒守持起來非常容易，不殺生、不偷盜、不邪淫、不妄語、不飲酒，五條居士戒能圓滿守持當然最好，做不到的話可以量力而行，在自己的能力範圍內逐漸增加。

༤

居士五戒，一般先守持不飲酒戒，在此基礎上，根據自己的情況，守持一條其他的戒律，比如不殺生等，這叫一戒居士。在此基礎上，如能再守持一條戒律，如不妄語等，叫二戒居士；如果再能守持一條不偷盜等戒律的話，就叫多戒居士；再能守持不邪淫等戒，就叫圓戒居士。如果還能戒除不淨行，就叫梵行居士，這也是最接近出家人的戒律了。

༥

居士五戒是釋迦牟尼佛為在家修行的弟子制定的戒律，居士五戒的內容在顯宗和密宗裡沒有什麼區別。

༦

不殺生不僅是佛教的戒律，有些殺生行為世間法律也不允許，在家居士應該都可以受持這條戒律，做到不難。

ན 若有明確的殺害動機，有具體的殺害對象，實施了殺害行為，並結束了對方的生命，就構成完整的殺生行為，若未懺悔清淨此惡業，則須承受完整的殺生果報。沒有親自實施，但指使他人實施殺生的行為，斷眾生的性命，也屬於殺生，過失一樣。

པ 吃藥墮胎，殺死胎兒，這也是殺生，和殺人一樣。認為胎兒還沒出生，看不到、摸不著，所以墮胎不算殺生，這在佛教裡是錯誤的觀點。

ཕ 殺生的因果非常大，作為一個發願度化一切眾生的大乘佛子，絕不應該做出這樣的行為，希望大家盡可能地受持不殺生的戒律。

བ 盜戒規定得非常細微，它的對象是所有不屬於自己的財產，包括個人財產和公有財產，即有主財產。對不屬於自己的財物生起盜取的心，實施了盜取的行為，使這些財物離開了本來所屬的地方，並且價值超過一定的數額，就破盜戒。自己生起盜心，教他人去實施盜的行為，也破戒。

做生意時，故意欺騙對方、騙取錢財或者偷稅漏稅、偽造發票等等，這都破盜戒。

ཙ

對於盜戒所確定的數額可能有不同的說法，但都非常細微。守持盜戒有一定難度，在受持這條戒之前，一定要仔細觀察自己，根據自己的情況決定是否受持。能夠守持的話，可以受戒，不過我想老年人應該都能受。

ཚ

邪淫指與合法配偶以外的人有不淨行，與合法配偶，在白天等不正當的時間、以不正當的方式或在佛像、佛經、佛塔等三寶所依的旁邊等處行不淨行，女性生理期間或者在守持八關齋戒時做不淨行，也破戒。談到這條戒律時不要不好意思，這是為了講佛法，沒什麼，平時做了不該做的事情生起羞愧才對。

ཛ

居士五戒當中的妄語指大妄語。以欺誑之心，說一些自己本沒有的功德和事情，比如沒見到本尊或佛菩薩，沒有神通，卻對別人說自己見到了本尊，說自己有神通，這是大妄語。出於各種原因打其他妄語，也有很大的過失，但只有說大妄語時，才破居士戒。

ཝ

妄語必須是對人說，存在欺誑之心，並使他人聽到。

ཞ

你說謊話別人可能不知道，但自己是清楚的，那樣不好。

ཟ

大家都是正常人，不會在別人面前胡說八道，而且即使你對別人說自己有神通、見到了本尊等等，稍微有點智慧的人都不會相信你說的話，所以不打妄語這條戒律應該很好守持，一般人都能做到。

འ

酒戒裡指的是所有的酒類，受持了這條戒律後，只要飲一滴酒就會破戒。釋迦牟尼佛說過喝一滴酒都不是佛弟子。你高興也好不高興也好，佛陀就是這樣說的。

ཡ

酒的定義是什麼呢？在《大智度論》卷十三中講到：「若乾若濕，若清若濁，如是等能令人心動放逸，是名為酒。一切不應飲，是名不飲酒。」

ར

喝酒對修行人的危害非常大。古印度有一個出家人因為喝了一點酒，破了所有的戒律，最後不得不在後世感受無量痛苦的果報。

ㄅ.《四分律》中列舉了飲酒的過失：「佛語阿難，凡飲酒者有十過失。何等十？一者顏色惡。二者少力。三者眼視不明。四者現嗔恚相。五者壞田業資生法。六者增致疾病。七者益鬥訟。八者無名稱，惡名流布。九者智慧減少。十者身壞命終墮三惡道。阿難，是謂飲酒者有十過失也。」

ㄆ.真正對釋迦牟尼佛具足信心的佛弟子絕不會喝一滴酒，就算是會供的時候，也只能用手指沾一下放在嘴唇上表示接受而已。

ㄈ.不管受持了什麼戒律，受戒後一定要認真地守持，仔細取捨因果。有些行為雖然沒有破居士戒，但如果做了，因果同樣存在。

ㄉ.按照小乘，如果破了戒，雖然經過懺悔能夠清淨業障，但戒體已經無法恢復，今生不能成就阿羅漢的果位。按照大乘，如果破了戒，經過懺悔能夠清淨業障，戒體也可以恢復，但修行受很大影響。

在 遇到痛苦挫折時，放掉對自己的擔心、憐憫、評斷，不再只是在「我對我錯、我行我不行」的圈子裡打轉。

八關齋戒

在顯宗裡，清淨居士戒的方法主要是守持八關齋戒，清淨出家戒律的方法主要是安居等。

ༀ

八關齋戒的功德，佛說十方三世諸佛菩薩於無量劫中也宣講不完。簡單地說，其究竟的功德是迅速成就佛果。暫時的功德是：不殺生，來世健康長壽；不偷盜，來世財富圓滿、無礙享用，不會被他人所偷、所騙；斷除不淨行，來世相貌莊嚴，見者歡喜；不妄語，來世不為他人所騙，所說話語眾人信服聽從；不飲酒，來世智慧圓滿，世間、出世間的事業全部通達無礙；不睡高廣大床，來世受眾人讚歎恭敬，所到之處用具圓滿；過午不食，來世食物圓滿，無需勤苦勞作自然獲得；不塗香抹粉，來世相貌端正，身上自然顯現香氣；不唱歌跳舞，來世身心調柔，為眾人講經說法，利益眾生事業廣大。

ༀ

居士戒中的不殺生指的是不殺人，也包括胎兒，八關齋戒中的不殺生指的是不殺害任何有情眾生。

ༀ

居士戒中不邪淫的戒律，指的是不和自己的合法配偶之外的人行不淨行等，但八關齋戒時即使與合法配偶也不能有任何不淨行。

居士戒中的妄語指的是大妄語，比如「我見到本尊，供養了本尊」、「我看到惡鬼，打死了惡鬼」等等，八關齋戒中的不妄語，是不說任何妄語，不管是大妄語還是小妄語。

在佛陀時代，只有尊貴的人才能享用高廣大床。享用高廣大床時，很容易讓人生起貪心與傲慢心，所以佛陀制定了這條戒律。

塗香抹粉、戴首飾、唱歌跳舞，這些會使人增上貪心與傲慢心，同時也會增長他人的貪心，針對眾生相續中的這些煩惱，佛陀規定在八關齋戒期間斷除這些行為。最好能終生斷除，如果做不到，在守持八關齋戒期間，一定要斷除。

出家

有人說如果人人都出家，男不耕、女不織，社會就無法發展、人類無法繁衍，這樣的假設是不成立的。佛法講因果，一個人這一世是男人還是女人，是出家還是在家都有因緣，不是假想就可以。如果可以這樣假設的話，那麼假設男人都變成女人，社會又該怎麼辦呢？

出家不是每個人都做得到的，不了解佛法的人不懂出家人的發心和出家人守的戒律，以為住在寺廟裡穿著僧衣就是出家。

很多祖師大德都說過，發心出家，僅僅向著修行的方向走七步，功德都不可思議，更何況真正出家修行，這肯定是以前行持了無量善業的結果。出家絕不是為了自己的解脫和安樂，而是為所有的眾生能夠離苦得樂最終成就佛果而出家修行。

在家同樣可以修行可以解脫，然而障礙多，睜眼閉眼全是冤親債主，意志不堅定的話，修行路上進一步退十步，舉步維艱。

有些人學佛，不在出離心上下功夫，開口就是：我是出家好呢還是不出家好？心裡為此很糾結，跑來問我該怎麼辦。這倒讓我為難。出家當然好，障礙少，可以專心修行，進步自然快，但前提條件是要有出離心。否則加入僧團過集體生活，很容易與道友發生矛盾，或是成天被人圍著叫「師父、師父」，不自我膨脹才怪。

有出離心的人，因緣成熟了就出家，因緣不具足就在家修行，發菩提心積累資糧，一樣解脫。不必為此另生出一樁煩惱，也不必等到出家後才開始修行。

大乘小乘

做任何事情之前，我們應該問問自己：為什麼做這件事？行為的動機就是發心。在修行的時候，發心不僅決定了修行的結果，也在很大程度上影響著我們的見解和修行的過程。

為了獲得人天福報而修行，這是下士道人天乘的發心。發善心、做善事，自然會修得善果，下士道非常強調做人要正直善良，因為這是獲得人天福報最關鍵的要素。為了自己能脫離六道輪迴的痛苦而修行，是中士道聲聞緣覺乘的發心。為了一切眾生究竟解脫而立志成就佛果，是上士道大乘的發心，也稱為菩提心。

人天乘的出離心表現在厭離三惡道的痛苦，希求今生來世得善趣的安樂；聲緣乘和大乘共稱為解脫道，聲緣乘的出離心表現在厭離輪迴的痛苦，希求涅槃的安樂，而大乘則是進一步認識到輪迴、涅槃皆為浮想，眾生因為妄想、執著而痛苦，由此生起無偽大悲心，希求所有眾生斷盡無明、究竟解脫。

皈依後是趨入大乘還是趨入小乘，最主要就是看有沒有生起利益眾生的菩提心。

菩提心以出離心為基礎，是對出離心的擴展和深化，不求個人獨自解脫，而求眾生解脫；不僅擺脫輪迴的束縛，還要出離一切無明執著。因此，認為大乘不講出離心、學大乘可以不修出離心是錯誤的，沒有出離心，菩提心無從談起。

大乘佛子不要因為自己發心更殊勝，遵循的見地更高，而看不起聲緣乘、人天乘的修行人。一般世間有德行的人都值得恭敬，何況天人，他有他的善果。聲緣乘修行人發願不傷害眾生，謹言慎行，要做到這一點需要精密嚴格地持戒，而很多學大乘的人經常輕易就傷害他人，真的應該感到慚愧！

法無大小，人心自有等差。眾生的意樂根基不同，不要枉自分別「我是大乘、你是小乘、他是不求解脫的愚夫愚婦」。我們只是更有熱情、更有勇氣、興趣更廣，而且相信不僅是自己，所有眾生都有成佛的潛力而已。時刻檢視自己的心，確定自己是為了一切眾生的究竟解脫而修行就好。

平等是承認並尊重多樣性和共同性，而非簡單地追求一致。智慧之道便是訓練這種平等待人處事的能力。

菩提心

菩提心是一切佛法的精要，是成就佛果的因。要發大願，發無偽的真心，為無量眾生的解脫立誓成佛。

ཀ

關於菩提心，各教派的歷代祖師都有很殊勝的教言，歸納起來就是一位修行人如果具足了菩提心，就具足了所有的佛法功德，所做的一切善法都將成為成就無上佛果之因。

ཁ

普賢菩薩曾發願：十方所有諸眾生，願離憂患常安樂，獲得甚深正法利，滅除煩惱盡無餘。這正是對願菩提心的具體闡釋：其一，希望眾生遠離挫折、痛苦、磨難，經常感受快樂；其二，希望眾生真正趣入正法，信受奉行，由此擺脫輪迴的痛苦，並最終滅盡煩惱，成就無上正等覺。

ག

以悲心緣有情，願一切眾生遠離苦因及苦果；以智慧緣正等菩提，願所有眾生圓滿佛果。只想自己圓滿覺悟、不願幫助眾生離苦得樂，這是不合理的假設。圓滿覺悟，或者說成就佛果，意味著「智、悲、力」三者圓滿。在因地修行時沒有悲心，果地也不會有悲心，沒有悲心就不叫圓滿覺悟。

ག

聞思和修法前，首先檢視自己的發心，看看是為了自己，還是為了眾生。如果是為了自己，一定要馬上糾正。將希望所有眾生得到安樂、最終獲得佛果作為自己的發心，這才是大乘之道。

ང

在心裡發願為所有眾生成佛而修持佛法，發了這個願以後要不斷地修持菩提心，訓練自己。不僅僅是修法念誦時，平時心裡也要記得常常這樣發願，能使功德不斷增上。

ཅ

哪怕只在佛前供一支香、磕一個頭、念一句佛號、繞一圈塔，也要發菩提心，這樣我們所有的善根都會成為解脫與成佛之因，有很大的功德。

ཆ

相續當中一定要生起真實的出離心和菩提心，這樣無論聞思還是進入實修，都會很快獲得成就。不管做什麼功德善業，修什麼法門，都不要忘記以出離心和菩提心攝持自己的相續。

ཇ

具備出離心，修行能得到阿羅漢的果位；具備菩提心，修行能成就佛的果位，否則都只能獲得世間福報。沒有出離心，無法獲得解脫；沒有菩提心，即使再精進，哪怕一輩子在山洞裡閉關修行，也不可能成佛。就像一個人，沒有腿、沒有交通工具，甭管想去哪，都實現不了。

辛辛苦苦做了那麼多功德，卻不是解脫和成佛的因，不是很可惜嗎？

八萬四千法門最精髓的都在慈悲心和菩提心裡。要成就佛果，沒有差錯的道路就是菩提心。菩提心的功德幾天也講不完。寂天菩薩說：**我們生起菩提心，就像是乞丐在垃圾堆裡找到稀世珍寶，它給我們帶來無盡的喜悅，滿足我們所有的希求。**

「菩提心如劫末火，剎那能滅諸惡罪。」生生世世，我們因為無明和煩惱，造過的惡業數也數不清，不生起菩提心，即使很精進地修法，也難以清淨全部業障。然而，當我們內心真正生起菩提心的時候，一般的業障會徹底消滅。造過大業的人，比如殺父母等五無間罪，惡業果報成熟墮入地獄一瞬間就能脫離地獄。

如果一個人具有菩提心，不管他是上師還是普通人，我們都應當向他頂禮。

發心有大小而無優劣，每個人可以隨自己的因緣發菩提心，只要誠實並且是真心為了眾生的解脫，發心無論大小都值得讚歎。

剛入佛門的人立即就生起菩提心可能很困難，但一步步修持，相續中最終一定會生起菩提心。久而久之，造作的發心也能激發真正的菩提心。

根據大乘佛教的教義，菩提心與空性智慧在根本上無二無別。證悟空性和修持菩提心是無法分割的，如果相續中沒有生起無偽的菩提心，也不會產生證悟空性的智慧。

在實修當中，樹立無我的見解可以幫助激發、鞏固菩提心，修持菩提心反過來也是體悟空性最便捷有效的途徑。

初學佛者不具備無我的見解也可以先修菩提心，到一定程度時對空性自然就會有所了悟。出家人、在家人，都要修菩提心。

愛自己

佛教徒是決心與自己親密相處的人。親密相處有兩層含義：一是誠實地覺察自己身、口、意的所有活動，二是柔和地對待自己。

ད

不往內觀照，無法真正消除迷惑；不心懷溫柔，修行便只剩下受苦。慈悲不僅是針對他人，也針對自己，並且首先是針對自己。缺少對自己的慈悲，很難真正對他人慈悲。

ཟ

對自己友善並不是放縱自己，因為放縱只會讓我們越來越不尊重自己，而不能讓我們心安樂。友善意味著以溫和的方式了解自己，帶著幽默感去觀察自己的傲慢、無知、冷酷、僵硬。

ན

自卑與自負一樣，遮蔽了我們的當下，使我們不能清楚地認識自己，同時也阻礙了我們與外界的交流。因為缺乏交流，我們感覺孤單、孤立。

པ

當處於情緒的低谷又孤立、封閉時，我們很容易認為自己比其他人都更悲慘。但是，情況肯定比想像的要好。不要相信有個叫「命運」的傢伙在專門跟你作對、故意要整垮你。這個世界上不是只有你失意、無助、沒有安全感。你的感受是眾生普遍的感受，你並沒有被遺棄。

ཕ

在遇到痛苦挫折時，放掉對自己的擔心、憐憫、評斷，不再只是在「我對我錯、我行我不行」的圈子裡打轉，放鬆下來，單純地去感知自己內心的感受，並且去與外界溝通，欣賞一下花草和晨風，也許痛苦依然強烈，卻不會讓你窒息、讓你絕望到走投無路，因為此時你的心打開了。

བ

自以為是有時也表現為自卑。堅持認為自己一無是處，在任何情況下都不改變這個觀點，這不是自以為是又是什麼？

བྷ

在開放的心中懷著敬意看待自己當下的體驗，尊重自己的洞見，不否認自己的缺點和過失，也不認為自己一無是處而失去內心的莊嚴。即使面對自己的狹隘、冷漠、混亂，依然不忘記知足和感恩。

མ

只有不放棄自己，才會不放棄他人；只有尊重自己內心的感受，才會願意去體念他人的感受；只有相信自己覺悟的潛力，才會相信他人覺悟的潛力，並因此走上大乘菩薩道。

你我他

菩提心的訓練之所以可能，是因為我們看到萬物相互依存、息息相關的事實。

ཡ

耗費一生精力企圖在自己與外界之間砌一道圍牆的做法是徒勞的，而這種徒勞帶來的挫敗感讓我們很不快樂。

ར

我們的信念、理想、價值觀什麼的往往被利用來強化自我、排斥他人，不信就看看吵架的、衝突的、戰爭的各方，沒有一個不認為自己有理的。

ལ

自以為是不僅割離了我們與當下，而且還使我們更容易受侵犯，也更容易侵犯別人。在觀察自己的過程中，如果我們足夠誠實和專注，就會發現很多時候我們都在不知不覺中傷害了自己和他人。

ཤ

我們排斥他人什麼，實際上正反映出我們排斥自己什麼。如果你認為別人不會理解你，說明你根本不想去理解別人；如果你討厭別人貧窮，說明你害怕自己貧窮；如果你排斥別人的淺薄、狹隘、冷漠，說明你不想面對自己身上的這些東西。所以，我們只有不排斥別人才能接受自己。

༡

每個人都有良善的一面，也有黑暗的一面。只要內心還有執著，就不能避免對人對己的傷害，嫌惡那些無明習氣更重的人，就像是五十步笑百步。

༢

正是因為全社會都極力推崇分別心，人與人之間才會這樣疏離，世界才會這樣四分五裂。分別心使我們用孤立、分離的眼光看待事物，萬事萬物之間的聯結便在我們眼中消失了，所以我們很難以包容的心面對世界，而且相信自私就是利己。

༣

修行是修養仁愛、寬容、謙讓、與人為善等等能給自他帶來安樂的精神品質，也就是說，要關注其他生命的福祉，並且自覺調整自身行為以讓其他眾生感到安適快樂。

༤

依靠佛法的正知正見，我們調整自己對人生和世界的態度以及為人處世的方式，從狹隘、僵硬、矛盾重重到寬闊、溫柔、和諧圓融，從傷害自己傷害他人到幫助、利樂一切眾生，從痛苦到安樂，從輪迴到解脫。

༥

有人不知道怎樣印證自己的修行是否有偏差，方法其實很簡單：看看你的「自我」是否依然強大，你與他人、與世界之間的界分感是否依舊強烈。

親密的人之間往往有太多執著，心裡會有許多期望和要求，要求對方完全理解、欣賞、領受、符合我們的心意，不然便感覺失落、痛苦。對親近的人，我們並不缺少愛，而是缺少寬容和放鬆。

既是有緣做一家人，就彼此珍惜、尊重，不要試圖用貪愛去束縛對方，由愛生怨、由怨生恨，枉自荒廢珍寶人生。

願菩提心

四無量心

菩提心不是一個空泛的概念，它以慈、悲、喜、捨四無量心為基礎，有著翔實的建立步驟。

ཀ

「願諸眾生永具安樂及安樂因；願諸眾生永離眾苦及眾苦因；願諸眾生永具無苦之樂，我心怡悅；願諸眾生遠離貪嗔之心，住平等捨」，這四種發心的對象範圍廣大，無邊無際、沒有窮盡；發心的功德不可計量，所以是四無量心。

ཁ

傳統上，四無量心的訓練是從「捨」開始。「捨」是慈悲心的起點和基礎。

ག

四無量心你中有我，我中有你，彼此涵蓋，融會貫通。慈悲、喜樂若不是以平等心為基礎，則不夠清淨；平等心中若沒有慈悲、喜樂，就會變得冷漠和無動於衷。

ང

慈、悲、喜、捨都是從內心的溫柔中生起。

慈愛

冷漠往往不是因為缺乏愛的能力，而是因為不相信自己敞開心胸的能力。培養慈心也可以看作是培養愛的能力，學習以真誠和善意去對待眾生、與外界相處。

ཀ

傾盡全力去追求的名利對生命來說，其實沒有太大意義。與之相比，內心的平和富足、親情友情、慈善助人等對自己更有幫助，更容易產生幸福感。

ཁ

迎面走來的人，男女老少，喜歡的、討厭的，他們都和我們一樣渴望幸福安樂，只是追求幸福的手段或許很笨拙，這樣地想，我們會很自然地生起同情、寬容之心。

ག

或許我們遇到的大多數人不求出離輪迴，只求眼前離苦得樂，但我們還是應該盡己所能地提供幫助，讓貧窮的免於匱乏，讓生病的得到照料，讓孤獨的得到關愛，讓被蔑視的得到尊重，讓受冤的感到被理解，這是菩提心的一部分。

ང

面對窮人、病人、流浪貓狗，以及其他需要幫助、撫慰的眾生，有人也許會說：「我的目標是眾生成佛，不是幫他們解決一時之需，滿足了他們的要求又怎樣呢？還是無明。」這是在為自己的懶惰、吝嗇和冷漠找藉口。

我們可以要求自己以究竟的解脫為目標、捨棄希求今生來世暫時的安樂，但不能因此不尊重他人對幸福的理解和對現世福報的追求。

作為大乘佛子，我們永遠不能忘記盡虛空界無量無邊的眾生的福祉，但同樣重要的是，我們不能忽視因為各種因緣來到我們面前、需要幫助和關愛的每一個有情、他們來世以及今生、日後以及眼前的安樂。

悲心

當人們遭受痛苦尤其是受到傷害時，心量會變得狹小，最好整個人都縮進一個桃核裡，以為有堅硬的外殼保護會安全些，而實際上這只會使內心更加壓抑和僵硬。

善良的人都心軟，心太軟則容易受傷害。的確，沒人願意受苦、受傷害，但放眼看看周圍，我們會發現就算用鐵石心腸把自己武裝保護起來，也照樣免不了痛苦的侵襲，所以，佛教的修行者選擇開放，把一顆柔軟的心完全向外界開放。

冷漠往往不是因為缺乏愛的能力，而是因為不相信自己敞開心胸的能力。

ཕ

在經歷痛苦時，努力保持住覺察，看到情緒的變化，看到自己的反應，看到脆弱、怨恨和驚慌，同時盡量把心敞開，讓自己暴露在痛苦中，讓強烈的感受去瓦解心裡根深蒂固的觀念和習慣。這時，我們的本心，或者它折射出來的慈悲心、出離心、世俗菩提心才會有機會顯現。

བ

痛苦讓我們放下驕傲，看到自己脆弱的一面，並透過自己的感受，體念到他人的恐懼、傷痛和煩憂。

མ

不要以高高在上的姿態去可憐那些境況不佳的人，那樣我們非但不能經驗、分擔他們的痛苦，反而會給他們造成新的傷害。被人憐憫的滋味不好受，人在困境中比其他任何時候都更需要平等的溝通。

ཙ

謙卑到任人踐踏也是不可取的。把自己放得太高或太低都無法實現順利的溝通。慈悲是真心希望所有眾生都得到安樂、遠離痛苦，有時一味退讓只會助長他人的侵略性和執著，卻不能使他們快樂或免於痛苦。

ཚ

有上下、人我之分，便無法完全體悟萬物同源的那份親情。「眾生」不是一個無關痛癢的詞彙，它代表著在情感上與我們相通相連的一個個具體的生命。「他們」的痛苦，「我」的痛苦，原來是相通的，原本就是一個東西。

༤

只理解悲心的意義而沒有踏踏實實地觀修，無法真正生起悲心，這是過去諸佛的教誨。行住坐臥，要時時懷著悲心，以眾生的解脫利益來觀照自己。

༥

看到苦難的景象，不要馬上把頭扭開，在自己能承受的範圍內，去體驗其中的痛苦，並盡己所能地伸出援手。流浪的動物、街邊的乞丐、受災的人群，都可以成為修悲心的對境。

༦

心生同情時，不要讓這一念同情匆匆滑過，而是留住它、延長它，並試著把淺層的同情轉化成深刻的悲心，讓這一點悲心逐漸延伸、擴展到更多人、更多眾生，最後對一切眾生都生起真誠平等的悲心。

༧

焦躁、憤怒、嫉妒、恐懼、煩悶，當我們內心被這些負面情緒占據時，我們感到備受煎熬，這時候我們應該想到：還有不計其數的眾生在經受和我同樣的痛苦，願以我的痛苦代受他們的痛苦，願他們獲得輕鬆、喜悅。為了眾生，為了自己，我一定要學會徹底解脫痛苦的方法。

འ

人在病中，也許能比平常更深刻地認識痛苦。很多情況下，疾病會成為培養出離心和菩提心的好機會。

ཡ

在遇到病痛時，要想到旁生道、地獄道，甚至人道許許多多的眾生都在遭受更大的痛苦，而我們是幸運的，在難得的人身中得聞佛法，對佛生信，有上師三寶護佑，內心也樂觀充實，因此我們應對其他正在受苦的眾生生起真切的慈悲心，發願以身代受他們的痛苦，把自己法喜充滿的心的功德迴向給他們，願他們早得解脫安樂。

ར

將煩惱轉為道用，我們在人生中遭遇的困難和痛苦就不再是白白承受的苦難，而是令我們生起真實菩提心的如意寶。

喜樂

喜樂針對自己是感恩，針對他人是隨喜。

ལ

隨著年齡的增長，我們眼裡的禮物越來越少，雖然得到的越來越多，我們卻認為這是理所應當，因為自己聰明、能幹、努力。並非所有比我們更聰明能幹、更勤奮努力的人都擁有比我們更富足安適的生活，只能說我們更幸運，而我們卻忘記感念自己的福報。

ཤ

很多人的問題都在於永遠對自己不滿意，不滿意自己目前的外表、才智、地位、財富、受用，好了還想更好，一生的精力都用在追求更好上。藏傳佛教的修行體系裡，第一步就是觀修暇滿難得，對自己值遇的一切由衷地珍惜和感激。

ས

我們一輩子都在擔心失去，便一輩子都在抓取、囤積，永遠沒有滿足感。不知感念自己福報的人大概很難理解那種無所希求的歡喜。

ཧ

懂得珍惜美好的經歷不難，修行人卻要在困境中依然感念自己的福報。在痛苦磨難中仍能體味本心、保持喜悅安寧的人，是真正的修行人。

ཨ

由於珍惜和感激，我們做任何事情都自然而然心懷恭敬。在這個浮躁散亂的年代裡，很少有人能靜下心來莊重而專注地做事，所以我們的生活中少了很多優雅的東西。喜樂幫助我們找回內心的莊重和優雅。

ཨ

為別人的成功、健康、善舉、快樂等等而高興就是隨喜。只有開始隨喜這項訓練時，你才會看到自己的嫉妒心有多強。你力求冷靜和客觀，但也許你只是不想隨喜讚歎某人，你的委屈和失落不過是嫉妒心在發作而已。

ཨཱ

嫉妒除了蒙蔽我們的雙眼，使我們看不見別人的優點，並讓我們的內心備受煎熬外，什麼好處也給不了我們。

ཨི

嫉妒表面上是對別人不滿，實際上反映的是對自己不滿。我們在哪些方面意識到自己的不足，就會在哪些方面表現出對別人的嫉妒。

平等捨

只對親人、朋友「慈悲」不是真正的慈悲心和菩提心，很可能是自己的執著心，和慈悲心、菩提心不是一回事。對一切眾生平等地生起慈悲心並為了一切眾生而修持佛法，才是真正的菩提心。

大乘修行人不會為了顯示公正而力求平等。只因為內心足夠開放，對一切都能欣然接受，他的所見往往超越了人我、親疏、好惡，所以他能自然地平等對待眾生，包容一切，毫無偏見。

一個人不會因為貼上了道德或不道德的標籤，就能解脫或不得解脫。解脫超越了這些。慈悲行者堅信一切眾生解脫的潛力，因而不肯捨棄任何眾生。

人與人之間的緣分，對於大乘修行人，無論善緣惡緣，到眼跟前都是同證菩提的緣。

如母有情

有些人認為人與人之間應該相互友好、善良，對待動物就不一定，這不是真正的慈悲心和菩提心，菩提心是平等地對待所有的眾生。

修持慈悲心與菩提心可以先從自己的家人、朋友開始，希望他們獲得安樂，遠

謙卑到任人踐踏也是不可取的。把自己放得太高或太低都無法實現順利的溝通。

離痛苦；然後對普通的與自己無關的人發菩提心；最後要對傷害過自己的敵人、自己最恨的人也修持慈悲心與菩提心。對親人、普通人、仇人，所有的眾生都要發這樣的心。

「六道中的眾生沒有一個未曾做過自己的父母」，這是佛陀與諸多祖師們留下的教言。「口食父肉打其母，懷抱殺己之怨仇，妻子啃食丈夫骨，輪迴之法誠希有」，印度大成就者嘎達亞那尊者用神通看到一個家庭中的父母以旁生再轉世到這個家庭後寫下了這四句話，所以一定要善待一切眾生。

家裡養的動物，很多可能是自己剛去世的親人的轉世，他們在死亡時沒能力脫離六道輪迴，墮入地獄的因緣也還沒成熟，因為對前世的家人和財產執著，所以被業力牽引重新回到這個家。

藏地有些人在親人死後，去問有神通的瑜伽士親人轉生到哪。有時瑜伽士的回答是，你家裡有一隻什麼顏色的牛（羊），就是你親人的轉世，問的人回家一看，果然有。

狗根本不管別人家的財產，只天天看著自己家的財產，怕有人偷，這也是有前世的因緣。

前世的父母由於因緣，經常會轉世到孩子的家中。我們不但不能殺生，還應該發心，希望大恩父母早日脫離痛苦，獲得佛果。

ༀ

牛、馬生下來幾天後就可以自己行走、吃草，人卻需要父母養育近二十年才能長大成人，這二十年中父母付出的辛勞不言而喻，最好的衣服、食物全都給了孩子，不論用什麼方式孝敬父母，都很難報答他們的恩德。

ༀ

一般來說，已故的父母生前為了養育孩子都造了很多業障，會因為一點錢打妄語，甚至殺生，也沒積累什麼功德，我想不會轉生在什麼好的地方。做兒女的沒為他們念經超度，或做其他功德，他們現在肯定在三惡道中感受果報，有的在地獄裡感受寒冷或熱的痛苦，有的在惡鬼道感受飢餓的痛苦，有的在旁生道感受愚痴的痛苦，處境非常悲慘。

ༀ

如果有人告訴你，說你父母雖然造了很多業但是轉世在三善道，或者說你父母已經解脫成佛了，昨天我去阿彌陀佛那，我在左邊，右邊的人好像是你的父親，比在這裡的時候黑了一點。這麼說的人不是安慰你，就是騙你。如果殺一頭牛的果報是墮入號叫地獄，那麼殺害了更多生命的人死後會去什麼地方？造了那麼多業還能解脫，是不是因果不存在了？

ཨ

《地藏菩薩本願經》裡記載了地藏菩薩久遠劫前為一個叫光目的女子。光目的母親在世時愛吃魚蝦之類，死後墮入惡趣，光目女為亡母廣修功德，幫助母親脫離了惡道。藏族人的習慣會一直為死去的親人做功德超度，因為只要他們沒有脫離六道輪迴，就會有痛苦。

ཀ

輪迴即無明，無明便有痛苦。讓母親從此擺脫痛苦，唯一的方法就是幫助她出離六道輪迴。有能力有條件的話要給已故的親人做功德，幫助他們脫離惡道。為了他們而修行是我們義不容辭的責任，也是報答恩德的最好方式。

ཁ

佛陀天降日是一個很重要的佛教節日，是紀念釋迦牟尼佛為報母恩，前往忉利天，為死後轉生到那裡的母親摩耶夫人說法圓滿後，重返娑婆世界的日子。儘管我們還沒有像佛陀那樣徹底覺悟，仍然可以幫助親人了知解脫之道，為他們的修行創造助緣。

ག

先對自己的父母生起慈悲心，再觀想往昔所有世的父母都曾含辛茹苦地撫育我們，從對父母的慈悲心推想到與自己沒有什麼關係的普通人，他們也是往昔的大恩父母。觀修一段時間後，再進一步對敵人也生起平等的慈悲心。輪迴中怨親不定，這一世的敵人，也許就是上一世的父母。這樣長時間地修持，在自己的相續當中會生起真正地希望所有眾生具足安樂、遠離痛苦的慈悲心，這是修學一切善法的基礎。

行菩提心

願與行

在四無量心的攝持下，願一切眾生獲得無上正等覺，徹底擺脫痛苦，獲得安樂，這種發願稱為願菩提心。發菩提心之後，我們還是會自私、愚昧。沒有關係，每個人都會這樣。從生起菩提心到圓滿證悟之間，還有很長的路要走。

我們用布施、持戒、忍辱、精進、禪定、智慧這六種有力的方法攝持自己的言行，以幫助實現願望，這便是行菩提心。大乘菩薩所有的行為，可以歸攝為這六波羅蜜多。

願、行菩提心統稱為世俗菩提心。經過長期修行，不斷積累福、慧資糧，我們最終將見到諸法實相，即勝義菩提心。

布施

對已擁有的，隨時能放棄；對未擁有的，不再貪求，內心滿足，這便是最好的布施。

ༀ

面對乞丐，不要急於表達厭惡或不信任。若真的生活優裕沒人願意低三下四出來乞討。就算被騙被利用，至少也不會給自他造成妨害。人生何處不受騙？何必跟一個笑臉相向，比你弱勢的人較量。其實當我們在伸過來的空手中放下錢物，我們所做的不是布施就是供養，不用擔心會有第三種情況。

ཨ

為了布施而刻意爭取、積累財物，布施便也成為一種執著。

ཧ

修持布施的目的是減輕自己的貪執，如果因為布施的結果沾沾自喜，或者為了顯示自己高人一等而行布施，這都有悖於布施的初衷，財布施、法布施或者無畏布施都是這樣。

隨心所欲並不能保證快樂。既然如此，不稱心如意的時候也沒必要大動肝火。

持戒

戒律指適當的行為，持戒就是在適當的時候做適當的事，目的是不傷害一切眾生，包括自己。

慧由定生，定從戒來。善護身口意、遠離貪嗔痴，就是持戒。初學者極易受外界環境的影響，身處憒鬧中而不被外境所轉，幾乎不可能。

我見過一些佛教徒，完全沒有學佛人的樣子，居士五戒殺、盜、淫、妄、酒一條也不守。如果家長裡短、吃喝玩樂，百無禁忌，也是修行，那麼可以說全世界的人都在修行，這樣的修行會有結果嗎？無非在輪迴痛苦中越陷越深，既然這樣，也用不著修了，不修也是這個結果。

很有些這樣故作高深的人，學佛不持戒，也不信因果，口口聲聲「萬法皆空，不必執著」。佛將滅度時曾叮囑弟子：「佛滅度後，以戒為師。」的確有一些大成就者示現在酒肆樂坊度化眾生，嬉笑怒罵、行為不羈，但是他們高深的修證境界一般人無法企及。普通人幾杯酒下肚，不要說不知道佛祖在哪，連自己在哪都不知道了。

持戒的目的是去除煩惱習氣，煩惱習氣即是生死、輪迴，除了習氣便了卻生死、出離輪迴。不持戒，這滿身的習氣如何除？

忍辱

行為適當意味著我們須保持正念，**不輕易對狀況下評判、做反彈，這正是忍辱的要義**。任何情況都能適應，任何可能性都會被接受，大乘修行者的內心始終是開放的。

通過布施，我們學習放下貪著；當執著減輕，行為便不那麼容易造成傷害，這是持戒；不容易起嗔恚心，這是忍辱。

急於判斷和固有的觀念，讓我們沒有辦法清楚認識事物。由於缺乏覺察，我們看不清事物的狀況，無法了知自己的真實感受，所以處於不必要的傷痛、焦慮和混亂中。

藏文中佛教徒一詞的意思是「內道者」，即向內觀照，從本心而非本心之外尋找真理的人。佛法一切修行的基礎是正念，即貼近自己的身、語、意，時刻保持清醒的覺察。

從修行的角度看，忍辱指遇到情況不急於做出反應，不急於逃避不安、尋找安慰，而是放慢整個事情的節奏，給自己留一點空間去觀察和感受，讓自己可以看清事情的原貌，而不是被衝動牽著鼻子走。這有時也被稱為寡欲或甘於寂寞。

修行過程中，我們往往需要做一些自己不喜歡的事，而且事情也總不像我們期望的那樣順利，如果不有意識地改變習氣，很容易起嗔心。

輪迴是一種慣性，不斷改變習慣能讓那股巨大的慣性慢慢停下來。遇到情況不立即被情緒淹沒，而是看看自己的反應，這就是改變。

保持清醒與覺察是一件相當辛苦的事，因為它意味著在任何情況下，你都不評判、不希冀、不回避。這簡直讓你感覺走投無路。可是，覺察還不止於此，你還要清清楚楚地看著自己是怎樣試圖尋找退路、出路卻無果而終的。

ན

當身處逆境時，不妨有意識地訓練自己以更加現實的態度去面對生活的考驗，看看從逆境中能得到什麼有益的東西。

ཏ

可惡之人是我們的老師，他會毫不留情地指出我們的執著在哪裡。對這些以怨敵形象出現的老師，不論我們現在感覺多麼難以接受，最終都會真誠地希望他們快樂。沒有他們，我們在仁愛的道路上真的無法一次又一次超越自己。

精進

我們對自己的創造力，對自己的變化充滿了興趣，因而想知道得更多。如果生活過於繁複，妨礙了這種求知，我們便歡歡喜喜地讓生活簡單；如果這種求知需要一輩子，我們便一輩子歡歡喜喜地走在求知之路上，不因為旅途艱辛漫長、看不到終點甚至似乎沒有終點而著急、沮喪，這就是精進。

ཏ

修行不是一場魔術表演，從頭到尾讓你興奮、驚奇、目不暇接。它也不是逃避日常瑣事的盾牌，因為它可能比你企圖逃避的日常生活更加瑣碎平常。修行沒有什麼宏大的目標，只是不再自欺而已。

修行是次第而行，平凡而具體、每天都在做的一件事，像吃飯、睡覺那樣。

བ

བྱ

衣服上的灰塵容易洗掉，心裡的灰塵最難洗。在修行路上堅持不懈，做到這一點比我們預想的要艱難得多。每一個修行人都會一再失敗，一再跌回舊的習氣中。儘管如此，我們還是一輩子都在精進修行，不放棄也不逃避。

禪定

皈依三寶，說明我們決心無懼地面對生命中的一切，不再尋求慰藉、寄託、照顧，除了切實地經驗當下，不再企圖另尋出路。

མ

我們之所以很難體會到本心，是因為日常生活中所作所為大都在牽著我們朝與本心相反的方向走。修行不為再去成就什麼、證明什麼，而只是引導我們放鬆下來，慢慢去貼近本心。

ཡ

我們若能放鬆下來，不把生活中的每件事都看得至關重要，而是將更多的注意力放到修行上，生活並不會因此變得更糟。相反，真正的轉變會在這時出現，我們也會因為放鬆而嘗到自由的滋味。

ར

期望和恐懼其實是同一個東西的兩面，有期望就會有恐懼，而回避則會加強恐懼。不迎不拒使我們放鬆下來，讓心與外界連接，不刻意追求任何狀態或結果，只是安住。這時，我們才更有可能瞥見一切思想行為、一切歡喜哀愁背後的那個東西，這實在是最為重要的修行。

ལ

放鬆下來，不再對抗，習慣那種不確定性並安住於此，有人也把這稱為自在。

ཤ

如果能安住，不離清醒的覺知，則一切行動都可以是禪定。沒有定力而企圖在喧鬧之中不散亂，幾乎不可能。對初學者而言，遠離誘惑和嘈雜的寂靜處，是幫助生起禪定的理想環境。

ས

你們不要以為只有面目可怖、張牙舞爪的形象才是魔鬼，其實所有干擾修行、障礙解脫的事物都是魔王波旬的化現。它經常隱藏在看似平常的事物後面，擾亂我

單純未嘗不是好事，尤其在缺少規則的環境中。相信凡事都有因果，自己努力向善，誠實而為就好，不去擔心、權衡結果。

們的心，如果不能認清它的本質，就很難得到解脫。

不少學佛人只學打坐，以為坐功到了就是得道，對聞思、磕頭、懺悔、放生、念佛持咒等善行，都未得要領。禪坐只是入定的一種方法，不是學佛的目的。由定生慧方能入道，否則坐上千萬年也還是在輪迴中未得解脫，更不要說圓滿證悟。

智　慧

佛法中所說的智慧是空性智慧，不是指世間為人處世的聰明靈巧。

般若空性超越文字，從感受上來說，它比較接近於內心的極度開放狀態，清明、遼闊、不固著、不僵化、不拒絕、不期求、不留戀，一切皆有可能。

以開放、清明的心去布施、持戒、忍辱、精進、禪定，你將體會到無所不在的空性。

《金剛經》和《心經》在漢地流傳得很廣，這兩部經所宣講的般若法門，在顯宗裡可以說是最高的法門，文字不多，卻是整個般若法門的精華所在。

般若法門中經典非常多，光是大般若經就有十二部，念誦一遍至少要一兩個月，但念一遍《金剛經》、《心經》最多一個小時，佛陀說過這兩者功德一樣。念誦《金剛經》對遣除修行中的障礙、開啟智慧有很大加持。漢傳佛教和藏傳佛教的歷史上都有許多人依靠修持《金剛經》獲得成就。

證悟空性與生起大悲心是同時的，生起大悲心與斷除惡行是同時的。「一悟便休」，休的是妄想，不是菩薩的六度萬行。真正悟道了，處世待人，和光同塵，見地比虛空高，但取捨因果比粉塵細。

菩薩戒

當你做一件事，如果心量放大到要把所有眾生的安樂都考慮進來時，你就能夠坦然地承受所有的辛苦、磨難，因為你的心胸足夠寬闊。

如果把菩提心比喻成一粒種子，那麼菩薩戒就是土壤、陽光、雨露，呵護種子生根、發芽、成長。

༢

在我們的世界裡，時間是單向的，人生是一條單行道。任何事情發生了就無法重來，我們也無路可退，菩薩戒幫助我們放下早先的自欺。

༣

受持菩薩戒意味著我們不再以為自己與眾生是割離的，不再相信自己與眾生能割離開。

༤

第一次受持菩薩戒時，一定要在一位具德上師前受持，以後每天培養自己的菩提心，並在佛菩薩面前受持菩薩戒，使菩提心不斷增上。

༥

藏地寺廟一般會在釋迦牟尼佛初轉法輪日傳授菩薩戒，我曾經在法王如意寶面前受持過三、四次菩薩戒。第一次是在一九八七年法王去五台山前，藏曆六月初四釋迦牟尼佛初轉法輪日，我在法王面前得到了圓滿的菩薩戒體。法王如意寶是真正的具德上師，我受戒的地點喇榮山谷是寧瑪派修行的聖地，曾經有十三位大成就者在那裡獲得了虹身成就，與我同時受戒的一千多名道友，也是清淨的僧團。

༦

從法王如意寶那裡得到清淨的菩薩戒體後，二十多年來，我一直盡自己的努力修持菩提心，但並沒有具足菩提心，不是很具德的授戒上師。這些年我一直沒有正式傳授過菩薩戒，但是多呷堪布再三要求，所以今天才同意給你們（札熙寺僧眾）授菩薩戒。今天是個很殊勝的日子（藏曆六月初四，釋迦牟尼佛初轉法輪日），在這樣的日子裡得到圓滿的菩薩戒體，對你們將來的修行會有很大幫助。

ད

凡夫人修持菩提心，剛開始時，要在好好守持戒律的基礎上，每天精進修行，以後在自己的相續中會自然而然地生起菩提心。

ཐ

《佛子行三十七頌》是藏地大成就者無著菩薩所作，這是佛法中的精華，加持很大，裡面寫了很多怎樣生起菩提心的教法，八萬四千法門全包括在這裡，最好能背誦。無著菩薩說聽一百零八遍可以生起和增上菩提心。很多大德都修這個法，法王如意寶也是，他從多位上師那裡得過這個法的傳承。在喇榮五明佛學院一直傳講這個法，按此修行。我自己聽過一百多次，在法會上也都先傳這個法。

ད

你們可能認為我平時說話比較嚴厲，管理也很嚴格，但實際上在我心裡，沒有記恨過任何人，沒有捨棄過任何一個眾生。我這麼說不是為了證明自己有多麼高深的境界，而是希望你們受戒後，好好地守持菩薩戒體。

有人問我：菩提心的修持需要多久？我的答案是：生生世世。

三殊勝

三殊勝

修持佛法首先應該知道修行的方法。在修持善法時怎樣發心？修法時心是不是被外緣所轉？修法後有沒有如理如法迴向功德？這些都關係到修行能否成為解脫和成就之因。

行持善法一定要以三殊勝來攝持，這樣行善的功德才能日日增上、直至成佛永不滅失。這三個修法按順序是加行發心殊勝、正行無緣殊勝和結行迴向殊勝，其中發菩提心要貫穿修法全過程。

有四種心念或行為會使我們的修行失去其本應有的價值：嗔怒、誇耀、懊悔和不迴向功德給一切眾生。缺少三殊勝的攝持，這四者當中任何一個都能耗盡我們的善根。

一念嗔心能摧毀一千大劫裡上供下施積累的所有福德善根，凡夫遇到違緣，很容易起嗔恨心，損毀自己的功德，無始以來修法的功德都可能滅失。

མ

現代社會生活節奏非常快，人們好像都不屑於有耐心，比著看誰脾氣大、愛發火。如果事情沒有按自己期望的樣子發展，馬上就急了。大家下意識裡都覺得只有事情都符合心願，做自己喜歡的事，才能快樂。說實在的，無始以來我們一直在做自己喜歡的事，結果不還是在輪迴裡不快樂著嗎？可見隨心所欲並不能保證快樂。既然如此，不稱心如意的時候也沒必要大動肝火。

ཙ

堪布阿瓊仁波切在他的大圓滿前行講義裡說：有些人做了一件微乎其微的善事，也要在走路的人前坐著講，在騎馬的人前站著講。想像一下這場景該多麼滑稽：擋在路上不讓人走，非要跟人家說自己的功德。現如今，這種誇耀的風氣應該比阿瓊仁波切那個年代更盛了吧。

ཚ

懊悔總是跟疑慮相提並論。對佛法的功德心存疑慮，就會不時地後悔：那個東西要是沒有供養或布施掉就好了！要是沒花那麼多精力學佛就好了，為了學佛放棄了很多掙錢的機會，現在才這樣不如意！這是沒有真正懂得佛法的價值。

ཛ

有人覺得如果把功德都迴向給眾生了，自己不就沒了嗎？上供下施豈不白忙活一場？這種擔心是多餘的。你也是眾生之一，把功德迴向眾生，你自己怎麼會沒有功德了呢？功德不迴向眾生當然也不會消失，只不過善業果報享用一次就窮盡了。

ཝ

有時候人們倒不是因為捨不得功德，只是忘了迴向。就像隨時都得想著把自己辛勤勞動的成果貢獻出來，與眾人分享，迴向與我們平時的習慣太不一樣了。

ཞ

修法前先端正自己的發心，放棄貪嗔痴等妄念，在相續中真正生起為了所有六道眾生得到解脫、最終成就佛果而修行的想法，也就是菩提心，這是加行發心殊勝。

ཟ

發心後開始修法，修法會很圓滿。**正確的發心會像鐵鉤鉤著草垛一樣，提攝住我們的善根，使它不至於在肆虐的業風中潰散零落。**

འ

同樣一件事，不同的發心會有不同的結果。我喝水時，觀想把最好吃的、最好喝的供養給上師三寶，並把供養三寶的功德迴向給一切眾生，願一切眾生悉得安樂解脫，這樣就種了菩提因，會得菩提果，將來能成佛。假如喝水只是喝水，沒有以菩提心攝持，也許沒有什麼害處，但沒什麼好處，最多是現在不會渴死，卻不是將來成佛之因。

ཡ

廣大清淨意樂菩提心之所以清淨，是因為它遠離貪、嗔、痴、慢、疑；之所以廣大，是因為它不狹隘。如果我們不以這種發心行事，就會有所期待，期待回饋或一個看得見的結果。有期待就有恐懼、怨恨、驕慢和失落。

ར

學佛很多年，可是你仍然沒有太多進步，還是那麼容易受傷害、被觸犯，還是經常猶疑：把時間和精力花在修行上是否真的有意義？如果沒有正確的發心，會很容易就退失對佛法的信心、退失學佛的熱情。

ལ

一些人希望通過學佛得到自己想要的東西，比如健康長壽、事業順利、家庭和睦。學佛、行善能積累福報，福報足夠時，這些願望就會實現。可是，如果以這種心態學佛修行，當福報不夠，想要的一直得不到，就會失望，失去學佛的動力，甚至抱怨佛法不靈、上師加持力不夠。這種心態很普遍。有時它會狡猾地隱藏在我們內心某個角落裡，不仔細觀察很難發現。

ཤ

修行的旅程不會一帆風順，所有的修行人都在不斷地面對挑戰和挫折，清淨的發心能保護我們免受眾多無謂的干擾，懷著信心和熱情堅持修行。

ས

正行無緣殊勝，指修持佛法時善根不被外緣毀壞。徹底做到善根不被違緣窮盡，對初學者來說太難。初學者在修持佛法時，將修法的人、所修的法以及修法的過程本性觀想為空，顯現如夢如幻，能生起這樣的見解，也可以。如果暫時這也做不到的話，至少要在修法時盡量放下執著，心不外散。

念經持咒的時候，心裡不要想著柴米油鹽、人我是非，頂禮的時候，不要身體在頂禮，嘴裡卻在跟旁邊的人說閒話。修法的時候，需時刻提起正念，專心向法。

如果修行時心跟著外緣所轉，即使表面上念了很多經咒，但修行的效果與專心致志持一句心咒相比，也許後者功德更大。

將一滴水融入大海，只要海不枯竭，這顆水滴就不會乾涸，這就是迴向的功德。修法結束後，將所有功德如理如法迴向給一切有情眾生，盡量做到無緣殊勝，即所迴向的眾生、發心迴向的人和所迴向的功德都如夢如幻、了無自性，這就是結行迴向殊勝。

在迴向時，如果將修法的人、所修的法及修法的過程執著為實有，雖然能獲得安樂果報，卻不是解脫的因，所以應當捨棄這種迴向。真正的三輪清淨的迴向，要求達到三輪無分別的程度。對初學者來說，可以實行相似的三輪清淨迴向：將自己以往已經積累的、未來將要積累的、現在正在積累的善法，佛菩薩的無漏善法，一切有情的有漏善法，綜合起來，為了一切有情遠離苦因及苦果、獲得佛果而迴向。

迴向使善根與日俱增，無以窮盡。從現在起直到究竟成佛，哪怕我們因為此善根享盡人天福報，這個善根也不會用盡，始終是我們成佛道路上圓滿福慧二種資糧之因。

末法時期，眾生的貪、嗔、痴煩惱很重，功德容易滅失。就像我們摘了一袋水果，如果保存時繩子沒有繫緊，水果隨時會漏掉。迴向就像繫緊了口袋，功德不會毀滅。

我有時聽到有的弟子希望功德迴向給自己的父母健康長壽、家庭和睦等。學佛人不能太自私，自私的話，很難成就。如果你的父母家人沒有成就的話，肯定也是六道當中的眾生，我們如理如法地迴向，他們會得到利益的，不用擔心。

迴向的時候，可以心裡想「諸佛菩薩如何以三輪體空的方式迴向，我也如何迴向」，口裡念誦《普賢行願品》迴向。時間不夠的話，可以念其中「文殊師利勇猛智，普賢慧行亦復然，我今迴向諸善根，隨彼一切常修學」和「三世諸佛所稱歎，如是最勝諸大願，我今迴向諸善根，為得普賢殊勝行」兩個偈頌，這樣可以代替真正的三輪清淨迴向。

在許多年以前，法王如意寶在他為利益眾生的無數次的轉世當中，曾經有一世轉世為善財童子。善財童子最初修行的地方是五台山的善財洞，後來在文殊菩薩面前發無上菩提心，並按照文殊菩薩的教誨，依止了一百多位善知識，最後見到普賢菩薩，圓滿了一切功德。正是在善財童子的祈請下，普賢菩薩宣說了《普賢行願品》。

由於往昔的願力和因緣，諸佛菩薩在眾生面前的顯現各不相同。普賢菩薩的顯現是行願第一，他發下的十大願王，從禮敬諸佛到普皆迴向，是一切欲求無上佛果的學佛人必須行持的殊勝法門。法王如意寶曾經說過，如果一個修行人每天能念誦一遍《普賢行願品》，他的人生可以說是很有意義的。

你們平時做生意，為得一個好價錢，都會再三考慮怎麼談，關係到自己今生後世的修行就更應該仔細考慮。

有些人經常手不離念珠，口不離經咒，一有時間還會去轉繞佛塔，這很好，但不知道你們在念經、轉塔前有沒有仔細地觀察自己的發心，是不是用菩提心來攝持？在一天的修法結束時，有沒有迴向功德？

自律不是壓抑情感，不是遵循強制的規定，
也不是要做出一副道德楷模的樣子給人看。

修法、聽課，都要用菩提心來攝持善因，這樣才能最終成就佛果，饒益眾生。如果三殊勝的修習方法很熟練，還可以同時觀想這一切都如夢如幻、沒有自性，並安住在這種體會中，會更好。做不到用三殊勝攝持，可以先試著時刻用菩提心來攝持自己，並逐漸穩固這樣的發心。

有的居士以為三殊勝是早上好好發心，念經時好好修正行，睡覺前再迴向。這不一定，做善法隨時都要迴向，同時要有菩提心。三殊勝只是一個順序，隨時要記住，並不是分成早中晚。

晉美林巴尊者說過，三殊勝法是解脫道路上必須的法和條件。三殊勝法仔細講需要好幾天時間，簡單講按這幾點去修也可以了，這些修行的竅訣一定要記住。

大乘顯密的一切實修法都超不出三殊勝的範疇。想成就圓滿佛果，三殊勝缺一不可，有三殊勝則足矣。

因果不虛

如果現在就開始精進修行，這一生結束時往生極樂世界應該會比較容易，但我想大多數人恐怕還是會繼續在六道中輪迴，甚至墮入惡道，原因就是很多人不相信因果。不信因果，人就可能造下很多惡業。

ༀ

有的人說相信因果，相信來世，但行動上不那麼做，繼續造各種惡業，這就是口頭上說信，實際上不信。

ཨ

世間人也許認為如果做了違法的事，只要不被發現，就可以逃過法律的制裁，但因果的法則沒有這麼簡單。釋迦牟尼佛告訴我們因果不虛，自己造下的惡業無論經過多長時間，如果未懺悔清淨，將來都會在自己的身上成熟。

ཧཱུཾ

無論什麼情況下，都要仔細地取捨因果，善護身、語、意三門。這個道理你們一定要記住。這個世界上神通、智慧、功德沒有誰的顯現比佛高，佛說因果存在，那麼造業就一定會受報。

關於因果取捨，要嚴格依據教證、理證，不可想當然，不可信口開河。

十善十惡

行持十善業、遠離十惡業是今生安樂，來世不墮惡趣的基礎。在藏地，歷史上很長的時間裡，十善業是社會普遍的行為準則，但後來佛法日漸衰微，情況有了很大變化。現在雖然幾乎所有人都知道十善業的內容，但沒有違犯的人也很少很少。

十善業是身斷除殺生、邪淫、偷盜，語斷除妄語、兩舌、惡口、綺語，意斷除貪欲、嗔恚、邪見。

「若殺一有情，需償五百生」，殺害眾生的生命，不但與慈悲心、菩提心相違，而且果報非常可怕。殺生的人短命多病，將來還會在地獄中感受更加痛苦的報應，所以我真的希望大家都能斷除殺生的惡行。

ང

從出生到現在，有的人殺生的數量恐怕絕不止一兩條，幾十條幾百條也會有的，喜歡吃活魚活蝦、生猛海鮮的人好好想想，你們一頓飯就殺了多少條生命。

ཅ

如果傷害了眾生的生命，又沒有按照四對治力懺悔，這個果報將來肯定有一天會落到自己身上，逃脫不了。我們平時可能連一根針扎到身體上都承受不了，到那時怎麼忍受？

ཆ

將佛像、佛經、上師的照片或者唐卡等三寶所依放到不清淨的地方，這也會有很大的因果。

ཇ

有些人做了錯事，來問我後果會怎麼樣。不用來問我，我沒有神通，釋迦牟尼佛講得很清楚，善有善報，惡有惡報，根據這條真理來判斷就可以了。

ཉ

凡夫人在世間生活，沒有斷除貪嗔痴，要想不造惡業很難，為了自己的孩子、家庭都很容易造業，死後這些果報肯定要由自己承受。

ཏ

《俱舍論》中說，眾人共同參與一件事，所有的參與者都得到同樣的果報。一個人造惡業，周圍看熱鬧覺得歡喜的人都一樣有業障。一家人共同生活，共同造作的業障，會感受同樣的果報。好好修行的話，家人也能得到功德。

打獵、賣槍的果報都很重。拉喇曲智上師說，打獵的人在山谷裡，山下喝水的眾生解脫都會受到影響。

普通人造過的口業可能數不勝數。有的人從小到大說過很多妄語，有的人經常惡口，看到有殘疾的人，說別人是瞎子、聾子，這都是粗語，會傷害別人的心。就是平時開玩笑的時候說一些粗語都會有因果。**《百業經》中講，即使是辱罵一個旁生，也會在五百世中感受果報。**

親戚朋友、鄰居同事之間挑撥，說這人對你不好，你也應該對他不好，說一些離間語製造矛盾，或者談論沒有意義的內容，甚至在念經修行的時候閒聊，這都是造口業。

看到別人有什麼好東西時起貪心，想「我要有多好啊」，或者跟別人比，「他有，我要比他的多，比他的好」，這是意業。

༦

別人有地方比自己強，就產生嗔心，盼著人家不平安、不吉祥、不要發財、不要成功。別人倒霉了就心花怒放，這些念頭都是業障。

༧

修一座廟、蓋一個經堂，當然有很多功德，但功德有多大，還得看發心。如果是看別人建了一尊佛像，那「我建個更大的」，以這樣的嫉妒心建廟蓋經堂，不敢說有很大的功德。晉美林巴尊者也說過，以比較心做功德，功德不會很大。

༨

不要有嫉妒心。人與人之間，團體與團體之間，不要有不好的發心，為利益起衝突糾紛。鄰里之間，窮的嫉妒富的，富的歧視窮的，這樣的念頭也不要有，有的話，懺悔改掉。

༩

打牌、賭博對於一個學佛人來說非常不好。贏了錢，會增上貪心，輸了錢，會產生嗔心，發生爭執還可能打架，而我們極難獲得的這個人身，也在這些毫無意義的事情上白白地浪費掉。

༡༠

有的「佛教油子」天天圍著高僧大德轉，希望得到各種各樣的大法，雖然已經聽聞善法的利益、罪業的過患、佛陀的功德，但在現實中不按佛法說的做，只是表

自律的動機是考慮他人的感受，是不想因為自己的不當行為給他人帶來傷害，讓他人痛苦。

面上求法、修法，這樣的人哪怕是佛陀親臨，也無法調伏。

明白了道理就按照教言去做，你們如果認為自己是佛弟子，就不要再造惡業。

煙酒過患

自己喝酒，或者是賣酒給別人，都有很大的果報。

打扮得再好看，喝醉酒以後也像鬼一樣，說不該說的話，做不該做的事。

酒喝多了，容易得心臟病、糖尿病各種病，酒後駕車容易出交通事故，有的人喝完酒以後還喜歡打架鬥毆，無事生非，給自己的家庭和別人的家庭都帶來不幸，不說來世，這一世就過不安寧。

對於那些已經皈依的人，假如說你不是佛弟子，你可能會不高興，但釋迦牟尼佛親口說過：喝一滴酒的人就不是我的弟子，我也不是他的上師。這些年我在藏地很多地方主持法會，參加法會的人都在我面前把裝酒的用具全部打碎，發願今後不再喝酒。

ཀ

當年宗喀巴大師居住在一個山谷裡，山裡有一個女人每天賣酒。她死了以後，人們在山谷裡經常聽到很大的哭聲。僧眾問宗喀巴大師這是怎麼回事？宗喀巴大師說：「賣酒的女人死後投生到一塊大石頭裡成為一隻非常大的青蛙，因為實在太痛苦，她經常在石頭裡哭。」一些僧人果然聽到了石頭裡發出的聲音。又有人問這個女人何時可以解脫？宗喀巴大師的回答是，等到鷹的翅膀把巨石磨光後她才能出來，但之後還會墮入地獄。愛喝酒的人好好想一想，喝酒能帶來什麼好處，而將來果報成熟在地獄裡時怎麼辦？

ཁ

有些觀點認為喝點酒有益健康，其實要想獲得今生的身體健康和來世的安樂，沒有比戒殺吃素和放生更好的方法。

ག

佛法裡說煙草是一個魔女為了障礙眾生解脫，發下惡願化現而成的，她希望所有抽煙的人不生起菩提心，最終墮入地獄。聞到煙味的人解脫也會受到很大影響，那些抽煙的人，你們要為家人和朋友想想。

ང

現代科學也已經證明了抽煙危害人體健康，很多國家的政府都規定在公共場合禁止抽煙。

ༀ

蓮花生大士的許多伏藏法門裡都說到抽煙的人所到之處都不吉祥，護法神遠離，戴什麼加持品也不會有作用。抽煙的人進入佛堂，佛堂的加持力瞬間就會消失，護法遠離，哪怕再古老的佛像，加持力也會消失。

ༀ

抽煙的人死時給他們修頗瓦法也很難有效果。死了以後，吃到屍體的禿鷲和其他眾生都將受到影響；火葬的話，聞到的人解脫也受影響。

ༀ

有的人打算得很好，今天先抽兩根，等明天再戒；明天再抽兩根，後天再戒。天下沒有哪件事是這麼輕鬆容易完成的，不真正地下定決心，什麼時候才能戒掉？戒不掉就一直抽下去，自己毀滅自己的今生來世嗎？

ༀ

不抽煙、不喝酒，做到這些對一個信仰佛教的人來說應該不難。不要因為不良習氣而喪失解脫的機會，這太可惜了。為了自己的今生來世，不要抽煙喝酒。

僧財

如果中了毒，一般的毒有解藥，而侵占挪用僧財之毒業無藥可解。大乘、小乘，都有清淨業障的方法，但以僧財為對境造下惡業很難完全清淨，一定會墮三惡道，再怎麼懺悔清淨業障，也只是縮短受報的時間而已。

我的大恩上師法王如意寶經常提醒弟子們，要特別謹慎地取捨因果，像愛護自己的眼睛一樣護持戒律。在僧眾的對境方面，法王最強調的就是不要誹謗上師和不濫用寺廟的財物。

法王如意寶在世時，有時說他對自己能不能往生極樂世界還有疑慮，因為小時候父親早早去世，母親獨自撫養孩子們，生活條件不好，法王剛到洛若寺時在寺廟的廚房燒茶，管家常常拿食物給他吃。法王說因為吃了僧眾的東西，他可能無法往生極樂世界，甚至會到三惡趣中感受果報。法王也說那幾位管家可能已經在三惡道裡，常常讓大家為他們念百字明清淨業障。法王如意寶是真正的佛，顯現上都這麼注意，我們就更要小心。

龍樹菩薩常常祈禱自己來世不要成為寺廟的管家。印度那爛陀寺的嘉炯班智達佛法聞思很高，但因為不小心動用了僧眾的東西，後來墮入惡趣感受果報。

ཀ

對待僧眾的財物一定要謹慎，用了僧眾的物品，法器也好，甚至是包經書的布也好，一定要補償。

ཁ

你們要給別人東西的話，拿自己的東西給，不要用寺廟的東西給。本來你們是好意，但實際上害了對方，自己也造下墮三惡道的業。

ག

寺廟的僧人在使用僧財時一定要注意，不能浪費，不能獨用，否則因果很大。僧眾的財物沒有誰能私自享用，任何人私自享用了僧團的公共財物，業障都一樣。當然，出家人在有資格享用的時候，是可以如法享用的。

ང

當對境是僧眾的時候，我向來都很謹慎，連僧眾的一滴水都不會用，我這樣發過願。

ཅ

我在喇榮五明佛學院，即使因為學院的公事陪別人吃了碗米飯，也會折價交錢給管家。在其他寺廟如果吃了飯一定會補上錢，否則我不敢吃。隨意享用給三寶的供養很損耗福報。

有一次學院開法會剩下些茶和麵，扔掉浪費，送人的話，恐怕送的人會下地獄，給動物吃，動物也會下地獄。法王如意寶讓我們翻經文，看看佛陀有沒有開許如何處理的教言，也沒找到。最後我們商量把這些東西折價賣了，換回的錢再用來給僧眾供齋。這個做法一直延續到現在。

持續的修行使你安靜而敏銳，不僅更能欣賞一個人的好，也更能覺察他身上的局限性，並因此悲憫疼惜，你知道他因局限而煩惱受苦，不自知不自主。

金剛乘

在末法時期遇到佛法很難，遇到金剛乘的教法就更難，因為金剛乘的教法只在普嚴劫先生王佛、賢劫釋迦牟尼佛、華嚴劫文殊師利佛的聖教中才出現。

蓮花生大士是密宗的祖師，他從印度將金剛乘的教法完整地帶入藏地。蓮師之前也有密宗大師進藏，但是因為各種違緣都沒能廣弘密法。蓮師以其不可思議的神通降伏了當時藏地的邪魔外道，但最重要的是他具有無所畏懼的慈悲之心，面對被業力牽引的眾生愈硬愈強，毫無退卻，所以他被尊為「鄔金第二佛」。

金剛乘被稱為速疾解脫之道，具有眾多積累資糧的方便，不需要按顯宗經典所說的經三大阿僧祇劫，或肝腦塗地等極大苦行即能證果。這對於生在末法時期，缺少耐心又脆弱的我們來說，真是一個好消息。

社會上對密法有很多誤解，比如學密法的可以肆無忌憚地喝酒、行淫、殺生等等。事實上，密法的行持與修行人的證悟境界、修法的場合等密切相關，只有達到境界才能做相應的行為，否則會造下嚴重惡業，果報慘烈。西藏有句老話：普通人不能做瑜伽士的行為，瑜伽士不能做大成就者的行為。

學習密宗需要以顯宗為基礎。藏傳佛教中是顯密共修，許多顯宗的修法，都會拿出專門的時間進行修持。顯密共修對修行人來說是很殊勝的。

傳承

佛陀的教言可以通過文字流傳下來，但佛法的真諦只存在於上師的心裡。它的傳承只有一條途徑，那就是以心傳心。

密宗非常重視傳承，得到傳承以後修持和沒有傳承時自己修持，功德與加持相差很多。

真正的傳承，是從釋迦牟尼佛到現在，每一代的傳法和承受法脈都傳承有序，一代一代地接續到現在沒有中斷過。有一些法門，可能中間斷過，或者現在已經斷了，後學者依據佛經學習和修行。閱讀、抄寫佛經有無量的功德，但傳承清淨而不曾中斷的法脈是殊勝的法緣，是修行成就的依怙。

密法中大圓滿法的傳承從普賢王如來至今，法脈沒有斷過。

我的傳承是從法王如意寶晉美彭措那裡得到的，法王如意寶是真正的佛。雖然我不是活佛，也沒有什麼成就，但是讓我自己感到欣慰的是，在我依止法王如意寶的二十多年裡，從來沒有對上師起凡夫想，沒有違背上師一句教言，沒做過一件令上師示現不悅的事，所以我傳給你們的法，傳承非常清淨也極具加持。

灌頂

如法獲得灌頂以後，才真正進入金剛乘，沒得灌頂的不是密宗弟子。獲得灌頂前要先皈依，沒有皈依就求灌頂不如法。

ཁ

獲得灌頂的機會非常稀有，能獲得灌頂是往昔積累的無量福德在此時的顯現。在灌頂以前，傳統上要求上師和弟子相互觀察很長時間，所以我在漢地給居士們灌頂的次數不多。

ག

得到灌頂後就成為密乘弟子，一定要護持密乘戒律。有人誤認為只有出家人才需要持戒，其實在家人一樣需要守持戒律，尤其是求到灌頂後更要嚴格守持。得到密乘灌頂的在家人比只持沙彌戒的出家人戒律還要嚴格。

ང

清淨的戒律是一切功德的根源，是獲得暫時和究竟解脫的基礎。得到灌頂之後，比灌頂更重要的是護持密乘戒律，這是每位密乘弟子必須遵守的。

ཅ

密法很殊勝，修習密法，成就相對來說快，但是破密乘戒的果報也很大。一旦真正地破了密乘戒，一定要儘快懺悔。

ཆ

法王如意寶在喇榮五明佛學院舉行法會或者灌頂以前，都要管家進行調查，絕對不允許破戒的人參加，判斷的方法不是通過神通觀察，是大家都知道、都看到的。這並不是法王不慈悲，而是因為如果有破密乘戒的人在，會對其他參加法會和灌頂的人有很大影響。

你們不要失望，認為守持戒律太難了，只有已登地的菩薩或佛才有能力守持。因果取捨之法，即是戒律，是佛陀為引導因地的修行人正確修法而宣說的。戒律的要求不會超出普通人能力之所及。希望大家在這一生中能不間斷地去了解密乘的教法，深入、系統地學習密乘戒律。

密乘五戒

密乘戒律很廣很細，其中有五條根本戒，進一步擴充又有十四條根本戒。

密乘五條根本戒的第一條不舍無上密法，是對周圍的一切顯現，看到的、看不到的，全部觀為清淨，觀為諸佛及諸佛之清淨剎土。淨觀是迅速積累福慧資糧、清淨業障的殊勝方便法門。

自心不清淨，才會見到不清淨的外界顯現。實際上，我們眼前的一切本質上就是清淨法界。淨觀不是把本來不清淨的硬觀想成清淨，而是實相本來清淨，凡夫因為迷亂習氣障礙無法見到而已。

འ

不舍無上是守持一切誓言修行的命根，根本戒中很多與它相關，這一條戒律非常清淨的話，很多戒律都會清淨。

ཡ

假使認為「觀想所有的眾生都是佛菩薩，這只是引導眾生的方便，實際上眾生並不清淨」，這就違背了密宗的見解，產生這樣的想法很容易就破了密乘戒。清淨觀在密宗的《大幻化網》裏闡述得非常清楚，大家有機會的話一定要仔細聞思。

ར

在聞思、修持金剛乘教法時，要把上師觀想成佛，法身普賢王如來、鄔金蓮花生大士、報身金剛薩埵或者阿彌陀佛；聞法地點觀想成佛的淨土，密嚴法界宮、銅色吉祥山蓮花光宮殿、東方現喜剎土或西方極樂世界；把聞法眾眷屬觀想成持明、勇士、空行；所聞之法是無上大圓滿；時間是從普賢王如來到現在的根本上師之間，口耳相傳連續不斷的常有相續。實相本來就是這五種圓滿，所以這樣觀想。

ལ

對金剛乘的修行人來說，淨觀不是有沒有想像力或信服不信服的問題，而是關乎具備或失毀金剛乘誓言。如果我們把一切顯現視為本尊及其壇城，就是具誓言；否則，認為五種圓滿只是權宜之說，牆就是牆，水就是水，在前面傳法的是一個普

如果想快樂，就創造條件讓他人快樂；如果想免於痛苦，就不要傷害他人。從頭到尾都是自己對自己負責。

通人，下面聞法的是一群煩惱眾生，有這樣的想法就是背離了金剛乘的誓言。

不捨無上，自然不捨棄三寶。當一位修行人獲得並接受這個正見，就會如法地觀想法性實相，趨於成佛的道路；為證悟這一見解而精進修行，就是僧行；在趨於成就的道路上更不會捨棄妙法，所以不捨三寶。

不捨無上密法，也就不會捨棄菩提心。究竟實相即為勝義菩提心。「不捨無上」也指出了自己與其他眾生必定成佛並恆時周遍饒益無邊眾生的見地，而且自始至終不退失信念，不起畏懼、厭煩輪迴等一切有垢的想法，就像我們經常念的一個偈子：「吾與無邊眾，本來即為佛；了知如是性，即發菩提心。」

「不捨無上」這條戒律包含很多內容，需要特別強調的一點是不要誹謗密法。守持密乘戒會顯現很多密宗的甚深見行，可能超越了凡夫有漏的世俗成見，對此不要誹謗。

密宗行者觀一切眾生為真實清淨的佛菩薩，如果你只具有凡夫的見解，如何能理解他的行為呢？

ཨ

如果暫時無法深入體會「不捨無上」這條戒律，或不能行持密宗的甚深見行，不用著急，但應該常常這樣發願：雖然我對此甚深見解未得勝信，但這是金剛乘的究竟密意，願這甚深的密意，在我的自相續中不間斷地生起，使我發出勝解心而修持，不背道而行，不誹謗或捨棄這甚深見解。

ཨཱུ

密乘五戒的第二條是，密法弟子要恭敬上師，不能詆毀、誹謗上師，不能對上師有邪見。顯宗裡有同樣的要求，但是密宗更注重這一點，並且有很系統的講解。

ཨི

小乘佛法的修持以出離心為主；大乘顯宗在出離心的基礎上以修持菩提心為主；無上金剛乘，在出離心與菩提心的基礎上，以修持對上師的信心為主。

ཨཱི

前輩的傳承上師們都是依靠對上師的信心而獲得成就，不論是顯宗還是密宗，無師自悟的例子幾乎沒有。

ཨུ

學顯宗、學密宗，觀察上師都非常重要。尤其是求密法，一定要先瞭解上師的功德。具備真實功德的上師是我們修行路上的可靠依怙。

學密法依靠上師才能解脫，要對上師具足信心，不斷地觀想上師，所以在選擇上師時一定要謹慎，必須是具德上師。依止自己有信心的上師很重要，一定要好好選擇自己的具德上師。

漢族居士如果想跟隨藏傳的上師學習，最好能親自去一趟藏地，至少待一兩個月，實地瞭解這位上師的情況，觀察當地人對他是什麼樣的態度。如果他的家鄉沒有人對他有信心，沒有人認為他是很好的上師，那麼就要很謹慎，儘量從不同管道，多方位觀察。

在末法時期，雖然如續部經典中所說具足一切功德的上師極為難得，但作為合格的上師，至少應具備以下條件：首先是具有無偽的菩提心，其次是精通教法，能應弟子的需要完整傳授某一解脫法門，最後是戒律清淨。而判斷一位修行人是否具備金剛上師的資格，首先就應該看他密乘戒是否清淨。如果密乘戒不清淨，那麼法脈傳承到他那裡就中斷了，能拿什麼來給其他人灌頂、講解和傳授呢？

在小乘的修行中，最重的業障是對僧眾造業。在金剛乘的道路上，為自己灌頂、講解續部教言、傳授密法竅訣的金剛上師，也稱為「三恩德上師」，是最為嚴厲的對境。在建立金剛上師與弟子的關係之後，不要以惡分別念對金剛上師妄加觀察、評判。

大圓滿傳承祖師無垢光尊者在他著名的論作《七寶藏》中說，如果對為自己傳講大圓滿法的上師破戒，業障無法完全清淨，必然要在地獄中感受果報，再怎麼懺悔也只是減少在地獄中的時間和痛苦而已。

上師是三寶的總集，是諸善知識的總集，對我們的恩德極大。密續中說，於剎那間憶念上師，其功德也已勝過供養十方三世諸佛的功德。在上師面前要善加護持自己的身語意，不要有不恭敬的舉動，不要惡言相向，更不要對上師有邪見，生起捨棄上師的念頭，那樣做的果報會很慘烈。

「對上師有邪見」的具體行為在經論上很明確，沒有什麼爭論。簡單地說，無論是從世間法的角度，認為上師人品不好、沒有學問等等；還是從出世間的角度，認為上師戒律不清淨、沒有智慧、沒有禪定力，認為自己已經超過了上師等等，這些都是「詆毀」。破戒的限度是，認為自己該得到的法已經得到，從此以後不必再理會和恭敬上師，打算與上師一刀兩斷。更嚴重的行為是以嗔恨心詆毀上師、輕辱上師、擾亂上師的心，只要起了這些念頭就破了這條戒，不一定要有身、語行為。

ཨོཾ

在一位上師成為你的金剛上師之前，務必以佛法為標準認真觀察和判斷這位上師的言行，看他是否具備做上師應有的功德；而一旦確立金剛上師與弟子的關係後，弟子對上師的行為就必須持清淨觀，視上師為佛，上師顯現任何行為都要視為與佛無別，對上師的教言信受奉行。

ཨོཾ

求法前仔細觀察上師，如果你完全信賴他，可以求灌頂。如果在你心目中這位上師有缺點、無法讓你完全信賴，最好不要向他求灌頂。

ཨོཾ

如果認為一位上師有缺點，但仍向他求灌頂，求到後又指責上師的缺點，詆毀、誹謗、妄加評論，這樣的人修行無法成就，而且將感受嚴厲的果報。以金剛上師為對境破戒，不僅斷送自己，也會嚴重影響其他人的修行。

ཨ

有的人對上師起邪見，想捨棄上師，認為「這個上師的行為很不如法，我要離開他，沒有他我還有其他上師」。事實上，在密宗裡，上師如佛，捨棄一位金剛上師就等於捨棄所有的上師。

ཀ

在小乘裡，沒有出離心，證不到羅漢果位；修學大乘，沒有菩提心，不能獲得佛的果位；在密宗裡面，如果沒有對上師的信心，肯定不能成就。捨棄上師後還獲得成就，絕無可能。

ཁ

真正的具德上師大多是普賢王如來的化現，所思所言所行必定符合大乘佛法。弟子謹遵師訓不僅不與依循佛法相矛盾，而且在上師的慈悲攝受、善巧引導下，能更迅速、準確地了達佛法的意旨。選擇並依止具德上師後，依法和依人是一致的。

ག

如果一個密宗修行人對密法和上師信心很大，不以惡分別念對不同上師妄加比較、評判，那麼即使他有很多位上師，也不會對修行構成困擾和障礙。

གྷ

當自己的心不清淨，生起「上師的行為不如法」這樣的念頭時，一定要立即停止這些想法，並從內心懺悔。可以這樣觀想：上師的行為全部是度化眾生的善巧方便，因為自己的相續沒有清淨，才以分別念「看到」上師的過失。

ང

雖然認同上師的功德和修證，但認為上師對自己不公平，或者上師讓自己做某事，雖然也遵命去做了，但心裡有想法，沒有意樂，這樣是有過失的，而且很容易導致破戒。發生這些情況，即使精進修行並有所成就，也會因此而間斷。所以，遇到這樣的情況也應及時懺悔，不要等到追悔莫及。

——般人面對巨大的痛苦，往往怨天尤人、焦躁恐慌，或心灰意冷，好的學佛人因為懂得因果，懂得承擔和化解，所以能以一顆堅強而平淡的心去面對。

ཙ

一切功德都依賴於善知識。密宗的上師和顯宗的上師，都是六道眾生所能依怙的善知識，不能加以詆毀和誹謗。很多佛經中都說到：應當視諸善知識為如來。要恭敬對待所有的善知識，比對待自己眼睛或父母更為謹慎和敬重地侍奉。雖然在寧瑪派中明確說了詆毀「三恩德上師」是破戒，但並沒有說詆毀「三恩德上師」以外的，其他對自己有恩德的上師不是破戒。

ཚ

佛陀有的弟子一輩子也見不到佛的功德，提婆達多和善星比丘跟隨佛陀幾十年，但在他們眼裡佛陀不但沒有絲毫功德，而且所做的一切都是在欺騙眾生，最後他們不得不在惡趣中感受最嚴厲的果報。

ཛ

札括寺有位嘎瑪活佛，顯現上很執著財物，被很多人誹謗。其實他是一位成就者，根本不會執著，只是眾生眼前的顯現。當時有個人對嘎瑪活佛誹謗得很厲害，我心想這個人真可憐，憑他怎麼說對活佛也沒任何影響，日子一樣過，可是這對他自己沒任何好處。我勸他說，你本來沒什麼福報，總這樣說上師，耗盡了這輩子的福報，下輩子還會下地獄。有信心很好，沒信心也不要誹謗，誹謗上師只會害到自己。

也許你們會想：哎，希阿榮博今天灌頂，他害怕以後有人對他有邪見、詆毀、誹謗，所以這樣說。並不是這樣，我不是法王，不是仁波切，只是一個普通的出家人，但一個真正的修行人不怕別人對他有邪見、詆毀和誹謗。連釋迦牟尼佛那麼偉大的聖者，也會有提婆達多和善星比丘這樣的弟子，何況是我？就算有誰對我詆毀、誹謗，或者有邪見，也傷害不到我，但誹謗上師犯密乘戒的人，業障大得無法形容。

只要弟子不捨棄我，我不會捨棄弟子；弟子需要我幫助，我隨時會盡己所能提供幫助；弟子不願見我，我可以回避，只希望我所有的弟子不要因為我破戒，也不要因為我生煩惱。

密乘五戒的第三條要求不間斷密咒手印，就是不要間斷念誦本尊的心咒和觀想本尊；念咒和觀想時不要忘記手印。

「不間斷手印」這條戒律裡說的手印通常指四手印：明觀本尊身的大手印、思維的法手印、言說的誓言手印、變結的業手印。如果不了解這些手印的意義和行持的方法，合掌就可以，能代表所有的手印。

得到灌頂後要堅持修法，不能間斷。密宗弟子如果連續六十天不修持佛法，很容易破密乘戒。

「不間斷」最起碼是從接受灌頂後到這一世生命結束，嚴格地說是直到成就菩提之果。「不間斷」還有一層含義是：上等修行人需要不分晝夜，至少每隔三四個小時就修行一次，差一些的也要每天修行一次。如果生起了捨棄勤修本尊心咒、手印的念頭，就是破戒。這條戒律簡單說就這些，實修起來要有長久的打算。

密乘五戒的第四條，慈濬已入正道者，這條戒律要求所有密乘道友，尤其是依靠同一上師、同一壇城受灌頂、竅訣的金剛兄弟，從入道起一直到菩提果之間，不斷絕親近之情。內心舍離就破了這條根本戒。

在金剛乘中，金剛上師與弟子之間、金剛兄弟之間的關係比世俗間的父母、兄弟姐妹的關係要近得多。廣義地說，所有獲得密宗灌頂的人都是金剛兄弟，但同壇灌頂的金剛兄弟，關係更為密切。

金剛兄弟之間要團結和合，所有的佛教徒之間、佛教團體之間要和睦，不要有矛盾。

ད

凡夫人在交往中難免有磕磕碰碰，但是同在菩提之路上，都以尋求解脫為人生目標的佛弟子之間，發生了矛盾應該及時相互懺悔，最好不要讓矛盾過夜，如果長時間地從心裏嫉恨對方，會對修行造成很大障礙。

ཧ

以前法王如意寶常說，金剛兄弟在日常交往時最好保持一點距離，不要彼此還不怎麼了解，就馬上熱乎得不行，沒過多久又因為一點小事鬧矛盾，相互起嗔心，有點距離關係才融洽。

ན

今天參加灌頂的有同事，有好朋友，也有夫妻，今後都還要長期相處，所以要注意不要鬧矛盾。金剛兄弟在世俗上是一家人的，得更加謹慎，住在同一屋簷下，就容易起摩擦，一定及時懺悔。

པ

就算是親兄弟性格也不一樣，各有各的脾氣，這很正常。性格合不來，可以少見面，但不要背後議論是非，說金剛兄弟的壞話。否則的話，不僅僅會障礙自己修行，也會對佛法造成負面影響。

ཕ

在時輪金剛的十四條根本戒中，第三條就規定了金剛兄弟要團結和合。金剛兄弟之間破密乘戒，可能就已經違背了上師的教言。上師希望金剛兄弟團結，弟子不聽從，相互嗔恨，這就擾亂了上師的心。

བ

一位具德上師在弘法利生之外，不會考慮任何個人得失。金剛兄弟不團結必定會影響上師的弘法利生事業，這時無論你表面上如何恭敬，供養多少財物，真正的具德上師都不會歡喜。

ཀ

能夠不起矛盾的前提就是尊重和恭敬他人。別太拿自己當回事，人就不會那麼固執。

མ

就算你們發心向善，但自認為發心好就一定完全正確，以傲慢心對待別人，這會破壞別人的善根，也毀壞自己的善根，而且會使事情變得糟糕，影響也不好。

ཡ

很多時候，為了護持他人的善心、善念，成全他人的善行，不僅我們自己的意見、方式可以放棄，甚至我們所做的「善事」或「這件正確的事」本身都可以放棄，不必堅持事情一定要做到完美。

ར

我確實看到過居士之間「拉幫結派」的情況，甚至把上師也劃進派別，「這是我的上師、那是你的上師」，根本沒有將上師視為賜予自己解脫與成就的善知識恭敬對待，憑自己的分別念妄加評判。把不良習氣帶到學佛團體當中非常不應該，要想到有人也許會因此失去對佛法的信心。

ལ

佛教徒之間鬧矛盾，無論是個人之間還是團體之間，不但自己要承受犯戒的果報，還會傷害佛教的形象，影響佛法的弘揚，這個業將有更大的果報。

ཤ

佛法中有很多殊勝的教法，蘊含至高無上的智慧。非佛教群體裡很多都非常注重團結，聽聞過這些至高無上的道理的佛教徒，就更應該慈愛、寬容。

ས

第五條根本戒是不洩露密法，對暫時不瞭解和不接受密乘見解、不堪為法器的人，不要宣說密宗的甚深見行，也不要洩露上師和金剛兄弟叮囑保密的事，如果明明知道還訴說這些內容，就觸犯戒律。

ཧ

保密的對象主要有三類：失壞密乘戒律的人、未得灌頂的人、不信密法的人。密法裡有很多祕密的竅訣和方便的修法，有人可能會因為各種原因無法理解，甚至

必須承受的，就勇敢地承受；
能夠轉化的，就努力轉化。

產生邪見。對密法生邪見、誹謗密法的果報很大。

ལ

學密法的人不要告訴別人自己學法過程中的不共竅訣、修法和觀點。一般來說，密宗的甚深見解、深沉行為、本尊名身、修行瑞相這四種，無論何時都不應說出去。

ད

密宗的供物、資具等不要對外張揚，要保密地使用，這主要是為了避免不了解密宗的人起邪見或損害修行人的悉地。有些很祕密的修法如果洩露出去，會對自己的修行產生很大的障礙。上師或金剛兄弟特意囑託要保密的事，也一定不要外傳。

會供

密乘弟子應該時常觀察自己的密乘戒是否清淨。「我對上師具足信心，對金剛道友沒有嗔恨，我的密乘戒律很清淨」，敢這麼說的人肯定沒有認真仔細地觀察自己。

ཀ

阿底峽尊者曾經說：「我在出家後從來沒有違犯過出家戒律；受持菩薩戒後，有過稍許違犯；進入密乘後，會時常違犯，一旦違犯，我馬上懺悔，從來沒有讓過失過夜。」凡夫人與阿底峽尊者這樣的大成就者根本沒法比，所以我們在進入密乘後，肯定會有許多違犯戒律的情況發生。

ཀ

犯戒後要及時懺悔，最好不過夜，懺悔得越早，業障越容易清淨。宗喀巴大師曾說：「破密乘戒三年之內沒懺悔的話，不能恢復戒體。」這樣的人不能參加法會，因為他就像一滴變質的牛奶會把全部的牛奶都弄壞。

ཁ

一旦破戒應當在最早的時間內以猛烈的懺悔心懺悔，這樣不但可以清淨業障，戒體也能夠恢復；若三年之後才懺悔，雖然業障可能得到清淨，但戒體已經很難恢復，戒體沒有恢復，今生無法成佛。

ག

密宗弟子清淨密乘戒律最好的方法就是參加會供。初十是蓮花生大士的節日，二十五是空行母的節日，每個月能在這兩天會供非常好。

ང

嚴格地說，會供需要具足很多條件，比如要有金剛上師主持，要有帶領念誦的維那師，還要使用手印以及諸多法器等等。簡單的話，按簡供儀軌修也可以。

ཅ

會供的人數沒有特別要求，一般來說戒律清淨的話，人越多越好，但有一個破戒的人就會造成很大的影響。

會供後的供品不同於一般的食品。參加會供的人，在上師的帶領下，按照儀軌修持，迎請諸佛菩薩，諸佛菩薩的加持使食品變成甘露。會供後食用甘露，能在佛菩薩的加持下清淨戒律。

極樂世界

佛菩薩的淨土很多，都具有同樣不可思議的功德，但由於諸佛菩薩往昔的因緣與願力不同，有的淨土一地以上的菩薩才能去，比如東方現喜剎土；有的淨土凡夫雖然能夠前往，但因為業障深重，無法現量看到，比如文殊菩薩的聖地五台山、普賢菩薩的聖地峨嵋山；而阿彌陀佛的淨土極樂世界是凡夫也可以帶業往生的。

阿彌陀佛初發菩提心時，發願如果將來他能成佛，凡是念他的聖號，憶念他、祈禱他、想到極樂世界的眾生，如果沒能往生到極樂世界，他就不成佛。而阿彌陀佛已經成佛，正在極樂世界廣轉法輪，他所有的發願都實現。所以祈禱阿彌陀佛、發願往生極樂世界，比發願去其他剎土更容易實現。

阿彌陀佛與南瞻部洲的眾生因緣很近，到了極樂世界以後，我們將永遠從痛苦的輪迴中得到解脫，並在阿彌陀佛的加持下，很快就可以成就佛果，實現自利利他的心願，任運度化眾生，這是阿彌陀佛的悲心與願力所致。

往生極樂世界後，可以隨願前往所有佛菩薩的淨土，拜見諸佛菩薩，獲得加持。關於極樂世界的功德，在漢傳佛教的《淨土五經》和藏傳佛教的《淨土教言》等經論中都有詳盡的宣講。

淨土法門

現在是末法時期，修行佛法的違緣多、順緣少，而且眾生煩惱粗重，要歷經苦行而後獲得成就，難度很大，往生極樂世界的法門最適合現在眾生的根基，也比較容易修持，是我們最好的選擇。

往生西方極樂世界是本師釋迦牟尼佛在眾多經典當中都宣講過的法門，佛陀的智慧無量無邊，所以不管是修學顯宗法門的，還是修學密宗法門的，都可以發願往生極樂世界。

有的人想去不了極樂世界沒關係，來世可以再回家鄉，這可不是件容易的事。你也許能回來，是不是人身就不一定了，可能是牛是羊是狗，不再有修行的條件。

ན

發願往生後，要常常憶念阿彌陀佛和極樂世界。請一幅極樂世界的唐卡掛在家裡，看著阿彌陀佛的像祈禱，要閉著眼睛也能觀想得清清楚楚。

ང

眼睛看到阿彌陀佛，心裡想著阿彌陀佛，睜眼閉眼都是阿彌陀佛，常常觀想、祈禱阿彌陀佛的話，遇到突然的恐慌時，會習慣性地叫「阿彌陀佛」，這樣經過長時間的修持，會在夢中見到阿彌陀佛和極樂淨土，最後在臨終時，自己非常恐懼的情況下，也能憶念起阿彌陀佛和極樂淨土，從而得到接引往生極樂世界。

ཕ

要常常觀想阿彌陀佛，常常祈禱阿彌陀佛。修行的時候、迴向的時候、任何時候要時時發願往生西方極樂世界。

བ

有人問，常常祈禱阿彌陀佛，那我平時念觀音心咒怎麼辦？這個沒關係，祈禱哪個都一樣，祈禱阿彌陀佛就祈禱了所有的佛菩薩，所有的佛功德等同，修一個法就修了所有的法，修成一個法門就修成了所有的法門，不用分得那麼細。

མ

開智慧求文殊菩薩，生病求藥師佛，有用的，但任何時候都可以祈禱阿彌陀佛，加持力是一樣的，而且臨終時，祈禱阿彌陀佛對我們的幫助最大。

不要被情緒推著到處亂跑，轉過身正視它們，看它們從何而來，往哪裡去。事實上，你就是想不間斷地生一輩子氣、發一輩子愁，也是辦不到的。

ཅ

不需要祈禱太多的佛菩薩，度母也是阿彌陀佛，文殊菩薩也是阿彌陀佛，祈禱阿彌陀佛與祈禱他們一樣。以阿彌陀佛作本尊好好地祈禱，有任何事情，祈禱阿彌陀佛就可以。

ཆ

對有信心的上師，可以觀想為本體為上師，顯現是阿彌陀佛，作為對境祈禱往生極樂世界。

ཇ

法王如意寶說過不要想三想四，就專注於一個佛「阿彌陀佛」，一個法「阿彌陀佛聖號」，一個地方「西方極樂世界」，有這三樣就夠了。

ཉ

《極樂願文》裡有往生極樂世界的所有法門，作者是藏地的大成就者恰美仁波切。恰美仁波切通達大乘顯密教典，諸佛密義全部了然於心，但在顯現上專志於淨土法門，最後以大神通力不捨肉身並攜帶眷屬、家犬等直接飛往極樂剎土。

ཏ

《上師阿彌陀佛修法極樂捷徑》是蓮花生大士為饒益我們這個時代的眾生留下的伏藏法，依蓮師授記由法王如意寶的上一世列繞朗巴大師取出，法王如意寶也廣弘這個法門。獲得阿彌陀佛灌頂的人要盡快念誦六百萬遍阿彌陀佛的聖號「南無阿彌陀佛」，這是往生極樂世界的殊勝法門。

法王的心願

雖然教派之間沒有區別，但法王如意寶的傳承有特別的緣起。二百多年前，大圓滿祖師晉美林巴尊者的四大弟子之一多珠根桑銀彭在《未來預言》中寫道：「色啊當天喇溝處，鄔金化身名晉美，賜給四眾菩薩徒，顯密正法如明月，利生事業高如山，清淨徒眾遍十方，結緣其者生極樂。」根據這個授記，凡是與法王結緣的人都可以往生極樂世界。

大成就者的功德與神通凡夫無法想像。法王如意寶這一世的弘法利生事業與二百年前的授記完全一致，甚至更加超勝，這是有目共睹的。

法王如意寶的這一世，在密法方面廣弘無上大圓滿法，在顯宗方面則以淨土法門為主，他生前最大的心願就是讓所有的眾生都能從痛苦的輪迴中得到解脫，往生西方極樂世界。法王曾說他自己將發願往生西方極樂世界，也希望所有對他有信心的弟子都發願往生極樂世界。

ཡ

喇榮五明佛學院每年定期舉行四大法會，其中之一是在藏曆九月佛陀天降日的極樂法會。在第一次法王主持的極樂法會上，從西藏、青海和四川等地來的漢藏信眾有四十多萬人。法王在法會上說：「你們一生造了不少惡業，今生更應求往生西方極樂世界，永脫苦難。凡與我結過緣的人，因信願不足或業障過重，今生未能如願往生的，無論下一世轉生到哪一道中，我都將化身到你們身邊，度化你們，直到你們往生極樂世界為止。」

ར

法王如意寶曾說：「供養我財物，並不是真正地與我結緣，只有精進地修持我傳承給你們的顯密法要才是與我結上了緣。」

ལ

法王晚年時，曾經勸導無以計數的弟子念誦阿彌陀佛聖號至少一百萬遍（藏文）或者六百萬遍（漢文），這也是法王為我們開顯的最為方便的往生法門。他還像開玩笑一樣說：「與我結上緣的好好祈禱阿彌陀佛，念一百萬遍阿彌陀佛名號，我在極樂世界燒好茶等你們。」

ཤ

按照上師說的去做，往生極樂世界不會很困難，能和法王如意寶結上緣的話更不會有什麼大問題。蓮師、成就者們都有授記，法王是真正的佛。與佛結緣，同時依賴阿彌陀佛的發心和加持，往生不難，所以不要犯謗法罪和五無間罪，好好持誦阿彌陀佛聖號會有機會往生。

往生四因

只要念阿彌陀佛就能往生極樂世界嗎？在《佛說無量壽經》中提到往生西方極樂世界的條件是「發菩提心、一向專念無量壽佛、修諸功德、願生彼國」。

往生西方極樂世界要具足四種因和斷除兩種障礙。四種因是，第一，明觀福田：憶念阿彌陀佛和極樂世界的功德，並生起不退的信心；第二，發菩提心：如果希望圓滿往生極樂世界，成為登地以上的菩薩，就一定要生起菩提心；第三，積資淨障：依靠各種修行的方法，清淨業障，積累往生的資糧；第四，發願與迴向：心中生起清淨的願望，希望所有的眾生都能往生極樂世界，並將自己已有的和將來產生的善根功德全部供養給諸佛菩薩，迴向六道眾生。這四種因裡最主要的是信心和願望。

往生極樂世界需要斷除的兩種障礙是，第一，犯五無間罪（殺父、殺母、殺阿羅漢、出佛身血和破法輪僧）；第二，犯謗法罪。已經進入密乘的弟子破了密乘根本戒，沒有懺悔清淨前也不能往生。

ঙ

根據信心及修行人所積累的福慧資糧的差異，有的往生西方極樂世界，於蓮花中自然化生，立即花開見佛，得不退轉乃至無上菩提。有的雖然也得出三界，往生極樂，但生於邊地七寶蓮池，五百歲中，不得見佛，心不開解，意不歡樂。這主要是因為：一、對法界體性智、成所作智、平等性智、妙觀察智、大圓鏡智，疑惑不信，但相信因果，肯精進積資淨障，修諸功德，願生彼國；二、對佛智沒有疑惑，卻不信自己的善根，覺得自己業障深重，念佛恐怕也不能往生，所以意志猶豫，不能專心，然而仍續念不絕，願生彼國。這兩種情況中任何一種都會導致生於邊地疑城，無法見佛。疑惑對發願往生極樂者會帶來極大損害，所以一定要斷除這兩種疑惑。當知眾生善根不可思議，諸佛聖力諸佛世界亦不可思議。務必明信諸佛無上智慧，深信自己的善根。

ঙ

具足了往生四因並且斷除了障礙往生的過失，不論是聖者還是凡夫，都可以往生到極樂世界，這是阿彌陀佛的廣大願力，也是傳承上師特別是法王如意寶通過他們的修持為後人做出的印證。

五無間罪

有良知的人一般不會殺害父母，法輪僧、佛陀和阿羅漢在當今時代很難遇到，所以現代人真正地犯無間罪的可能性不大，但有些不如法的行為會成為近五無間罪，不注意的話，很容易觸犯。

接近無間罪的行為有很多，比如虐待父母，侮辱或殺害出家人等等，這些雖然不是五無間罪，但因果很大，同樣會障礙解脫。如果有，要好好懺悔。

一定要對父母好，大恩父母為了養育孩子一直奔波勞碌，辛辛苦苦把孩子撫養成人，不要對他們不好，一天也不能。即使自己能力和精力有限，幫不上父母，起碼不要傷害他們。

有些人與父母感情很好，有些人與父母關係不是那麼親密，人與人的因緣不同，不管怎樣都要有孝心，把父母的安樂掛在心上。人人都有局限，父母也局限在自己的煩惱業力中身不由己，痛苦不已。要多體諒並發願以自己的善心善行化解父母的苦難，報答父母的恩情。

殺害出家人的事很難發生，但致使出家人破出家戒的情況很容易發生。歷史上有人拆寺廟砸佛像，這些行為的業障很重，可是致使出家人破戒的業障比這還要重。

在家人要恭敬出家人，更不能障礙他們的戒律，要護持、幫助他們。建一座黃金塔非常難，毀壞黃金塔的過失也很大，破壞出家人的戒律，比破壞黃金塔的過失更嚴重，年輕人一定要記住這句話。

謗法罪

謗法的業障很重，而且普通人很容易在有意無意間就誹謗正法，如果造下這樣的惡業，不真心懺悔，別說往生極樂世界，來世就是人身都很難得到。

佛弟子大多數不會直接誹謗佛法，可是出於分別心說某些法門高，某些法門低，某些法殊勝，某些不殊勝，這是謗法。

顯宗和密宗都是本師釋迦牟尼佛親自傳承下來的清淨教法，沒有什麼分別。顯宗弟子誹謗密法，密宗弟子誹謗顯宗的教法，都是謗法。

ཕ

教派之間相互誹謗是謗法；大乘小乘之間有分別念誹謗的，是謗法；覺得有的法好，有的不好，是謗法；藏地八個教派，白教說黃教的法不好，花教說紅教的不好，這都是謗法。

སྦུ

學佛人會根據自己的因緣，修學不同的法門，無論修哪個法門，都是釋迦牟尼佛的弟子，相互之間不能誹謗，更不能彼此輕視。

ཨེ

所有的法門都是佛陀為利益眾生而宣講的無偽善說，誹謗任何一個法門或者認為不同的法門有優劣之分，就構成了謗法罪。釋迦牟尼佛在許多經典當中說過，誹謗佛法的人無法往生。

ཨི

在喇榮五明佛學院，紅教、黃教、花教、白教，大乘、小乘，來修學的各個教派的佛教徒都有，所有人都非常團結，不會互相誹謗或輕視對方。

ཨོ

藏傳、漢傳、南傳，都是釋迦牟尼佛所傳承的清淨教法，從究竟的意義上來說，一點沒有分別。真正理解佛法的人，不會輕視任何一個教派、任何一種法門。

ༀ

漢傳佛教中有的經文是從印度翻譯過來的，有的是從藏文翻譯過來的；藏傳佛教中也有些是從印度翻譯過來，有些從漢傳翻譯過來的，翻譯的途徑不同而已。

ཨཱཿ

過去的大德們對所有的教派沒有一點點分別念，他們知道都是一樣的，就像一塊糖從哪邊吃都一樣的甜，修哪個法都可以成佛。

ཨ

佛法是諸佛與聖者們為利益眾生宣說的教理，誹謗佛法，也就誹謗了佛陀與僧眾；而佛法的教證二法，高僧大德們自身內證的是證法，為眾生宣說的是教法，因此誹謗高僧大德同樣是誹謗佛法。

ཀ

所有的成就者都是一個佛的化身，誹謗這些上師就和誹謗佛一樣。宗喀巴大師是阿底峽尊者的化身，阿底峽尊者是蓮花生大士的化身，蓮花生大士是釋迦牟尼佛的化身，賢劫千佛其實也是相同的化身。

ཁ

教派不同，上師是一樣的。蓮師的傳記中寫了，「將來我的身化身叫根嘎加參（薩迦派），他會恢復這些經堂，弘揚密法」，法王如意寶也說過他是薩迦班智達的化身，這一世他主要弘揚寧瑪巴的法。法王如意寶常常叮囑我們：「你們千萬不要認為法門有差別，說大德們不懂，一定不要誹謗。」

ག

大德們闡述的法義有時不一致，這是根據說法的場合、眾生根基不同，為利益眾生顯現的方便法。即使是釋迦牟尼佛親口所說的教法，也有了義和不了義之分。

སྐ

對世上的種種人物、現象，我們以清淨心觀照就好，不要急於下結論，更不要隨意批評，尤其是對出家人。

ད

很多人隨隨便便就誹謗出家人，看到出家人顯現上有些缺點，就無限地放大，這些人真的造作了很大的業障。

ཅེ

在家人隨意評論和誹謗出家人，這很不如法。阿底峽尊者的弟子仲敦巴尊者曾經講過，每四個出家人當中就有一個是菩薩的化現。所以在出家人中誰是聖者、誰是凡夫我們根本無法判斷。

ཆེ

無論在家人或是僧眾，裡面一定有菩薩的化現，喬美仁波切說誹謗三世的眾生也沒有誹謗一位菩薩的果報重。誹謗僧眾的果報有多可怕，真的要好好想一想。

༣

對上師要有恭敬心。有些人喜歡跟別人比，比房子、比車，連上師也比，說什麼「我的上師非常好，你的上師不好」，這是分別念。如果一位上師是登地的菩薩，誹謗他也是謗法。

༤

學佛的人，管得住自己很重要。他人的行為可能如法，也可能不如法，但沒有神通的人分不清楚這到底是業力的顯現，還是非常殊勝的密行，更分不清是不是佛菩薩的示現。

༥

僧眾是很嚴厲的對境，這個寺廟好，那個寺廟不好，這個出家人的行為不如法，那個出家人已經破戒，說一些類似這樣的話業障非常非常重，對僧眾本身沒有任何影響，卻只會害了自己，千萬不要圖一時之快，毀了自己解脫的因緣。

༦

有的人連四皈依都念不來，佛法的道理也不懂，卻評論這個不好那個不好。不要因為自己有缺點就斷定別人也有缺點，你如何了知別人呢？

༧

也有人說某某出家人的行為不如法，損害佛法。出家人有這樣的顯現，絕不是佛法的問題。而且，即使他有這樣的顯現，我們依然無法判斷，無法判斷，就不要隨意誹謗。

如果你對某個出家人沒有信心，或者對他顯現的一些行為看不慣，可以不去依止，不去親近，但絕不要誹謗。這是我給大家的一個忠告！

ང

有妒嫉心的上師貪、嗔、痴煩惱重，不要跟著這樣的上師學習，否則你也變成他那樣，犯謗法的過失。

ཅ

俗話說，木頭燒著了可以用水澆滅，水燒著了沒有任何辦法。造了其他的惡業可以通過修持佛法清淨業障，而捨棄佛法，這樣的業障無以對治。

ཆ

我有位上師叫才旺晉美堪布，父母都虹身成就，他自己也是大成就者，我向他求過大圓滿法。才旺晉美堪布曾經在熙日森佛學院求法，還做過輔導上師。有一次，佐慶寺的格日堪布講《中觀根本慧論》，有格魯派的格西前來參學。格日堪布講解空性的時候，格西顯得不太恭敬。下課後，才旺晉美堪布找到格西，提了《俱舍論》裡的幾個問題。格西回答得不是很圓滿，因為他長得有點黑，才旺晉美堪布就說，世親菩薩和他的弟子從來沒有這樣講過，你這個傲慢的黑皮是在哪裡找到教證理證的？但是事後堪布非常後悔，他說自己這一世心裡對佛法從來沒有過一絲不恭敬，

很多事情都不可強求，自己盡了心就好。做事之前善加考慮，從善意出發也盡心盡力了，即使結果仍不盡人意，這份善心依然會積累福報。

這次誹謗格西，業障很重。堪布從此以後再也不與人辯經，他還常常提起這事，要弟子們幫他念百字明懺悔。大成就者都如此重視因果，我們就更應當時刻檢查自己的身口意三門。

ཐ

聽課時說話業障很大，也會障礙別人聽法。障礙別人聽法，也是捨法。

ད

有些人發誓時喜歡用三寶作證，可是沒過幾天又違背了自己的誓言，這也有捨棄佛法的過失。拉喇曲智上師講，以《大藏經》發誓作證，如果背棄誓言，一定要再修一部《大藏經》，不然業障清淨不了。用三寶作證的習慣一定要改，必須需要的話，用太陽、用月亮，這些問題不大，三寶不行。

聞思修

聞　思

學佛不能只在表面，真正修持才有可能解脫，不修不可能解脫，皈依後就應該開始修持佛法。

只要切實修行，肯定會有進步。上等修行者天天都在進步，中等修行者月月進步，下等修行者也會年年進步。如果修行一直沒進展，應該是沒掌握要領。

只有了解佛法，才能真正地修持。了解佛法的途徑首先就是聽聞，經過聞思才能理解，理解之後再修持，很容易獲得成就。不懂就去修，一般根基的人很難修成。

聞思充分才能對佛法生起堅定的信心，即使全世界的人說因果不存在，你也不會動搖。

一個人即使已經剃度出家，也許還會貪戀金錢、名譽，這說明他的正知正見不夠穩固。如果聞思究竟的話，所作所為都會與佛法相應。

ཕ

修行中很多旨在去除痛苦根源的方法本身看上去也很苦，如果沒有巨大的信心，堅信只要去除根源痛苦就會消失，並且如果缺乏冷靜理性的分析、判斷來支持這種信心，我們恐怕很難在尋求解脫的道路上堅持下去。

བ

學佛一定要穩重，內心不穩重的話，今天學佛，明天就可能跑去學別的。

མ

佛陀說的很多道理，非常深奧，不用功聞思，是無法理解的。自己都不明白，就更沒有辦法弘法利生了。我從十幾歲到二十五歲，可以說是廢寢忘食地學；二十五歲開始一邊講課一邊學，直到現在。通過這樣的學習，對佛法可能理解了一些。

ཙ

不要因為佛法太深奧，看不懂就放棄聞思，經常將心安住在佛法上，對佛陀的教誨會逐漸理解。

ཚ

我們的道途是佛陀的教法、證法，而由於智慧福德不夠，人們會以不恰當的態度對待以文字形式流傳下來的法。這五種錯誤是：第一，持文不持義；第二，持義不持文；第三，未領會而持；第四，顛倒而持（錯誤領會意義）；第五，順序錯亂而持。

ར

言辭優美、文學造詣高的文章，當然更有助於佛法的傳播，讓更多世人與佛法結緣。但是，我們應該把思維法義放在首位，而不能捨本求末，把心思用在琢磨辭藻上。

ལ

有些人聲稱妙法不著文字，說「修行是要了知心的本來面目，不能著文字相」，希望不聞思教理而自動悟道。聞思是為了明法義，如果已經深契佛法要義，不聞思也是可以的。禪宗六祖慧能大師顯現上目不識丁，但是他能講經說法，隨便拿一部佛經向他請教，他都能解釋這部經真正講的是什麼。他不聞思，因為他已經懂了；而你不聞思，就不懂。不懂還不學嗎？

ཤ

法王如意寶當年在學院對弟子的要求是：學過的法都要銘記在心，平常測驗和年終大考時，必須在不參考任何書籍、筆記的情況下，當眾講解經論，有時長達幾個小時。

ས

雖然不是所有人都必須廣聞博學，正式為他人講經說法，但大家還是應該在力所能及的範圍內，努力記住和理解經文以及上師的教言。

ཞ

有的人看法本不仔細，隨便翻翻就說這本書我已經看過了。佛法可不是輕易就能理解的，隨便翻翻肯定不能通達其意。

ཟ

居士能夠精通五部大論當然好，做不到也不必強求，但是要對自己專修的法一門深入，這也關係到大家自身的修證。比如修前行時應當反覆鑽研前行的法本，做到爛熟於心，力爭把每個修法的內涵全部融入自相續。

འ

有疑問就去請教上師，或者通過教證、理證加以判別，然後依憑親身實證去體悟所修之法的真實含義。

ཡ

從大圓滿心滴部歷代傳承上師的傳記中可以知道，他們幾乎聽受過所有教派的理論和教言。全知無垢光尊者對流傳在西藏的絕大多數修法引導，都寫過論文講義。

ར

藏傳的修行人尤其注重上師教言，很多法本是大成就者修行方法與修證境界的真實記錄，稱為竅訣，字字千金難求，有幸得到的人應當銘記於心並反覆思維薰習。

就像《修心七法》中說：宣聞三世諸佛一切金剛語之功德，不及銘記上師一句教言之功德。

阿瓊仁波切完成大量實修前行後，上師仍然要求他全文背誦前行引導文《普賢上師言教》。阿瓊仁波切依教奉行，上師得知後特別高興，勉勵他說：「就應該這樣啊！一味注重冥頑不靈的盲目安住，而忽視聞思教理，是行不通的。上等修行者能成為上等的說法者；中等修行者能成為中等的說法者；下等修行者只能成為下等的說法者，這種說法是有一定道理的。」

恭敬求法

佛法要在恭敬中求，多一分恭敬就多一分功德。

《毗奈耶經》和《本生傳》中提到：在講經說法的場合，不要對態度不恭敬的人、沒生病卻包頭巾或戴帽子的人、打傘、拿手杖、帶凶器的人說法。聽聞佛法時，要懷著謙恭之心坐在低處，舉止溫順調柔，喜悅地注視上師，專心聽上師的開示，像飲用甘露一樣。

想得太多所以不開心，心思單純，生活簡單就很好。

ང

在聽聞佛法的時候，要把自己看作病人，把佛法看作良藥，把上師看作醫生，把精進修持看作服藥治病。

ཅ

在上師講法前，擺設法座、鋪陳坐墊，供養曼陀羅、鮮花等，是布施；灑水清掃，遮止自己不恭敬的行儀，是持戒；不損害包括螻蟻在內的含生，忍受疲憊勞累和種種不適，是安忍；斷除對上師及正法的邪見，滿懷信心和喜悅之情聽法，是精進；心不散亂，專心致志諦聽上師教言，是靜慮；勤於思考、遣除疑惑，是智慧。

ཆ

本師釋迦牟尼佛在因地修行時，為了求法，哪怕只是求四句偈頌，都可以捨棄自己的生命。相比起來，我們為了求法受點累，苦一點、髒一點，實在都算不得什麼。

ཇ

以前每逢法王如意寶上課的時候，聽課的人都特別多，經堂裡坐不下，大部分人得坐在外面，我也經常在露天聽課，夏天坐在烈日下，冬天坐在風雪裡，下雨也不打傘。不光是我，大家都這樣。可人人都踴躍歡喜，覺得能遇到法王如意寶這樣的具德上師，能聽聞甚深教言，是無數劫積累資糧的果報，高興還來不及，哪裡會在意身體上所受的這點辛苦。後來學院有了新的大經堂，能容納很多人，大家不用再坐在經堂外面，可是每天上課大家還是會提前去，搶著坐經堂中間的天井，哪怕這意味著在大雪紛飛的冬天坐在結冰的水泥地上，就因為坐那能看見在三樓講課的上師法王如意寶！

ཉ

聽法的時候要認真，不認真聽講，別說佛法，世間法也不一定能聽懂。如果不能完全理解所講的內容也要堅持聽，佛法的內容都是佛陀和祖師們傳承下來的金剛語，這些話語本身就具有不可思議的加持力，只要發心清淨，認真地聽聞，功德一樣很大。

ཏ

即使是天空中的小鳥、地上的爬蟲，聽到法會上海螺、法鼓的聲音都會種下解脫的種子。

ཐ

聽法的時候，身不要走來走去，口不要東說西說，意要認真專注。不要身在經堂裡，意在經堂外。手頭上的事都要停下來，念經、轉經都不能做，其他的行為更不可以。

ད

要懷著對三寶的恭敬認認真真地聽法，聽法的人如果對講法者和所講的佛法沒有恭敬心，過失非常大。

在現在這個信息時代，上師的開示可以通過文字、音頻、視頻這些技術保存和傳播，這一方面使大家能根據自己的情況主動選擇聽法的時間和環境，但另一方面，聽法時心猿意馬或昏昏欲睡的情況就更多了。

ཁ

末法時期遇到善知識很難，你們知道有戒律清淨的法師宣講佛法時，一定要去聽聞。法師們宣講佛法也要知無不言、言無不盡。

ག

不管是當地的法師還是外面請來的師父，觀察以後向他求佛法，真正地求，求到後好好修持。

ང

佛法何其珍貴！任何人，不論示現貧賤還是富貴，只要他能教我們佛法，哪怕一偈一句，都是我們禮敬的對境。

ཅ

根據所處時代、社會環境、受眾不同，說法者對佛法的詮釋會有所不同，如果其詮釋與佛法的基本義理，比如因果、悲心等相一致，那麼即使說法者是名不見經傳或行為乖僻的人物，他所說的都值得信賴和遵循；如果所詮釋的與佛法的核心義理相違背，不論說法者名氣多大、地位多高、看上去多麼清淨莊嚴，都不能想當然地全盤接受。不是他講的佛法不對，而是他對佛法的解釋有待進一步推敲。

一般人修法大致都要經歷三個階段：先理解教義，然後求行解相應，再至證悟，不可稍有知解便以為證悟了。

ཏ

在藏地，一般是一邊聞思一邊進行實修。比如修前行，從外前行開始，首先由上師宣講有關經文的法義，弟子聞思，之後進入實修。外前行修行圓滿後，進入內前行的修行，也是上師先引導，比如修法前如何發心、如何觀想等，然後弟子用三天或者七天的時間，對聽聞的法義進行實修，如此循序漸進。

ཐ

法本中的每一句話都有豐富的涵義，首先要理解它最外層、最明顯的涵義，最好把原文記在心裡，反覆思考、體會，逐漸理解、領會它更深層的涵義。在實修中，也需要牢牢記住上師所傳的法的每一個細節，反覆串習，才能鞏固、保持我們微弱的體會和覺受，繼而激發對實相的證悟。

ད

仲敦巴尊者說：修行關鍵要聞思修交替反覆。尤其對初入佛門的人來說，聞思修交替進行、反覆串習極為必要。初學者還不太懂佛法，應該先聞思，了解法的字面含義，生起相似的定解後，再上座修習。座上反覆憶持法義，這叫觀察修；直到無須憶想也能持守法義時，便安住於對法的定解中，入定，直到再次生起分別念，這叫安住修。

ཝ

依照藏傳佛教的傳統，嚴格來說，一定要求按照次第修行。弟子在上師的引導下經過實修後，還要由上師驗證和指導，只有經過了上師的驗證和開許，弟子才能進行下一項修持。如果上師發現弟子的修行不合格，會讓弟子繼續修持，直到通過驗證。

ཞ

密法修行很講究次第，在沒有求得前行之前，就聽講正行，或者在修持前行的過程中外前行和內前行顛倒受持，都不符合次第。

ཟ

修無上大圓滿法，也有共同前行、不共前行、祕密前行等等次第；進入正行後，仍然有證量上的區別和遞進。僅僅認識覺性本面還不夠，還要繼續修持，經由層層修證境界直至圓滿獲得不現一切的堅地，即大圓滿法性盡地。

འ

開悟是指現量見到空性，又稱見道、登地。根據顯宗道次第，見道之前有資糧道、加行道；見道之後，有修道二地至七地的不清淨地，修道八地至十地的三清淨地。修到十地，本具智慧仍未全體顯露，十地菩薩見如來藏仍如夜晚視物，不甚分明。在十地最後，以金剛喻定破除最後一分至微細的習氣，自性光明無餘現前，到此才是圓滿無上正等正覺。

所謂言下頓悟者，或在頓悟之前已用功有年，相續成熟，只待最後剎那，撥機一點，便現見本性；或偕宿慧於言下頓悟，一悟之後，仍需依止上師，於寂靜處保任涵養多年，證量方能透徹穩固。除極個別特殊根器者外，這悟前悟後，都要修行。

阿瓊仁波切在修前行的過程中其實已經證悟覺性，那時他不到二十歲，但上師沒有點破，甚至不給他看有關直指心性的法本，只是不斷要求他修前行，並且完整背誦前行引導文，因為上師擔心過早印證他的修證境界，有可能使他產生微細的執著，從而無法持續鞏固自己的證悟。

西藏無數修行人都是這樣，即使已經達到極高的修證境界，仍然會整部整部地背誦經續論典。這不是為了成為飽學之士，而是出於實修的必要，便於在實修過程中，反覆以經論和上師的金剛語指導修行、印證修證境界，反過來也以自證境界現量印證經論和上師的教言。

勤修行

人身難得，我們得到了；佛法難聞，我們聽到了；密法更加難遇，我們也獲得了。今生能有這麼好的因緣是我們往昔所積累的無量福報所致，一定要萬分珍惜。

ཀ

眾生的根基不同，有些學了不修，可能就得下輩子接著修，有些精進修持，可能這輩子就能解脫。

ཁ

反轉無始以來的慣性模式，需要付出極其艱巨的努力。不要覺得修法太累。世俗的事不勤奮努力都很難成辦，何況發菩提心、為了一切眾生的解脫和成就這樣大的事業，不精進肯定不能成就。

ད

修行很重要的是清淨業障，積累福報。舒舒服服地能消業嗎？凡夫人要想獲得解脫與成就，不吃一點苦肯定不行。憑佛陀那麼深廣的智慧，也沒找到讓眾生輕輕鬆鬆就成佛的方法。

ཨ

在藏地的公路旁，常常可以看到磕大頭去拉薩朝聖的人，我們有時候一天做一點點功課都覺得很難很累，看看這些磕大頭的人，自己真是差得太多，要好好懺悔。

無始以來，我們曾無數次淪落三惡道，遭受比在人道所經受的疾病、衰老劇烈千百倍不止的痛苦，可那些苦都是白受。今生為求解脫所受的苦，不會白受。菩提路上每一分辛苦、每一分付出都是成佛的資糧。

學佛要做真功夫，從最瑣碎、平實處一路埋頭做下去，不是一年兩年，而是幾年幾十年，不鬆懈不放棄。如擲石入深潭，一沉到底。

不管修哪個法門，如果只做表面文章，不硬碰硬在自心上下功夫，解脫都將遙遙無期。

平時忙忙碌碌，有各種事情分神，能閉關修行的話很好。閉關比平時清靜很多，修法效果好，做不到一年閉關一個月哪怕十天也可以，出家人再沒時間至少也要閉關一百天。

坐下來修法稱為入座；下座後，日常生活行住坐臥中修持佛法，稱為座間修法。起座後心裡仍然要思維座上所修的法，不能人一起座，就把法扔到一邊。有的修行，比如修心的法門，可以融入到日常的工作和生活中。

在日常活動中保持座上觀修所得到的體會。否則，儘管入座期間心稍稍有所改變，一出座還是滿心煩惱，對世俗生活充滿貪戀向往。這樣的話，何時才能解脫呢？

發了菩提心卻不認真精進地修行，不但欺騙了佛菩薩也欺騙了眾生。

精進聞思修行與利益眾生並不矛盾，不能藉口要利益眾生而放鬆自己的修行或縱容自己追求世間八法。假使自己的出離心、慈悲心還很微弱，對佛法一知半解，怎麼能善巧幫助其他眾生，分擔他們的愁苦，引導他們走向解脫呢？沒有雙手的人卻要下水救人，這太難了。我們努力修行就是為了更好地幫助眾生。初學者安靜下來，老老實實聞思修，就是在利益眾生。

真正的修行人，他的寂靜調柔，可以感動人心，令人對佛法生起信心。雖說這是個浮躁的年代，但人們在內心深處仍然留存著對寧靜淡泊的敬重和嚮往。在浮躁的年代，也唯有寂靜調柔的心才能讓人真正地信服。

該做功課就認真做，肚子餓了就做飯吃，困了就去睡，不要一天一個念頭、一個發心：我要做這個工作，我要做那個功德，我要怎樣怎樣……能做到這樣，佛道就興隆了，佛門也清淨了，沒那麼多是非，更不容易被人騙。

我傳了很多法，但今後是不是精進修持是你們自己的事。得到了傳承，加持肯定會有，精進修持的話會解脫，不修持的話，我也沒辦法。釋迦牟尼佛也說：「吾為汝說解脫道，當知解脫依自己。」

自己不下功夫，總想著上師能像扔石頭一樣把你扔到極樂世界去，上師能力再大，悲心再懇切也無法滿足你這個願望。

過去曾有很多上師出世，如果完全可以靠上師救度的話，我們怎麼還會在這裡呢？晉美林巴尊者曾經說：「業障很重的人死的時候不要祈禱我救度，我救不了。」比晉美林巴尊者成就更高的上師還是很稀少的。

死去的時候，親人朋友在四十九天內給你做功德，會有幫助，但如果你業障很重，也很難幫你清淨業障。死的時候見到自己有信心的上師都很難，靠以後做功德不是那麼容易。

不少信眾在家裡有人去世時請我到他們家裡念經超度。每當這個時候我都會告訴他們，希望在人還活著的時候去，這樣可以讓臨終的人至誠懺悔自己以前的業障，精進念佛。自己修行懺悔對自己的往生幫助最大。

ཨ

自己度自己最重要，在自己有能力時，應該好好地修行。一定要相信佛說的，現在就要發願不造業，發願不殺生，發願好好修行。臨終時不後悔的人沒有。

ཀ

別人騙你是小騙，自己騙自己才是大騙。

ཁ

今生今世修行的努力一定不會白費，只有精進修行的人才能不懼死亡，才能得到解脫的安樂。

本尊

修學密法要選擇自己覺得有信心的佛菩薩作為本尊，每天不間斷地修持本尊的心咒，並不斷觀想本尊，祈禱本尊加持，這一生至少要圓滿念誦一億遍本尊心咒。

ཀ

法王如意寶一生中至少念誦了十幾億遍本尊心咒，這麼偉大的成就者都那麼精進，我們凡夫更沒有理由懈怠。

ཁ

最有信心的、因緣最好的，就是你的本尊，觀音菩薩、文殊菩薩、蓮花生大士、阿彌陀佛都可以，對哪一位佛菩薩信心大，就選那一位做自己的本尊。

ང

選定了本尊以後就不要換，出現任何情況也不能退失對本尊的信心，更不能捨棄本尊，要時時刻刻地向本尊祈禱加持。

ཅ

把你最有信心的上師與本尊觀想為一體，保持觀想的同時專心念誦本尊心咒，這會讓你更快地感受到加持。

༣

諸佛菩薩往昔所發的願力不同，所以不同的法門有自己的特點。發願往生極樂世界，修阿彌陀佛；希望增長智慧，修文殊菩薩，但所有的法門最終都是為了解脫。修哪個法都能增長福報、得到往生加持。

༤

諸佛菩薩在本體上沒有任何區別。專修一個法門，真正修成功了，也就等於修成了一切法門。

༥

任何時候都不能忘記釋迦牟尼佛的恩德，如果不是佛陀通過累世的修行，最終覺悟了生命的真相，並且慈悲地與我們分享他獲得的知識和經驗，恐怕我們還在黑暗中摸索，不知道自己是誰，為什麼來到這個世界，又要往哪裡去。眾生將永遠無法從痛苦的輪迴中得到解脫。

༦

大悲怙主觀世音菩薩是諸佛無量悲心的化現，雪域西藏是觀音菩薩的道場，這裡的孩子會叫阿媽的時候就會念觀音心咒。漢傳佛教中觀音的畫像與藏族的有些不同，這是因為眾生根基不同，觀音菩薩的不同顯現，本體上沒有任何分別，在修法上也沒有本質區別。

文殊菩薩是三世諸佛智慧的化現。《文殊智慧勇士灌頂儀軌》是法王如意寶在一九八七年去五台山朝拜的路上，經過漢地時在法界中取的伏藏，這個儀軌來源殊勝，加持極大。

末法時期，修持佛法的違緣很多，越是這種時候越要時常祈禱蓮花生大士，依靠蓮師不可思議的加持一定能遣除修行上的諸多違緣。蓮花生大士曾經說過，所有對他有信心、祈禱他的人，他都會親臨其前賜予加持。此蓮花生大士灌頂是法王如意寶的前世列繞朗巴尊者的伏藏，修持這個法，偏重於消除違緣。

黃財神是藏傳佛教各大教派普遍供養的五姓財神之一，修這個法主要是為積聚福報，但和其他法門一樣，也能清淨業障、在往生中得到加持。修財神法也需要在具有出離心、菩提心的基礎上，為了遣除眾生的貧困而修行，功德也要迴向。

經文和心咒都是佛菩薩為利益眾生而宣說的金剛語，對眾生相續的改變有著不可思議的加持。

佛弟子要記得戴念珠，凡夫的心容易散亂攀緣，戴著念珠才能提醒自己念佛、念咒，每天堅持念，對將來的往生有幫助。

懺悔

凡夫在六道中輪迴，未能證悟萬法實義的主要原因是在無始以來的輪迴中所造下的罪業和積累的習氣。清淨業障的方法首先要生起懺悔心，在佛陀宣說的諸多懺悔法門中，金剛薩埵修法因其殊勝，被稱為「懺悔之王」。

《金剛薩埵修法如意寶珠》是法王如意寶一九九七年在光明智慧中掘取的意伏藏，傳承非常清淨。這個修法儀軌簡單，法王如意寶還特別開許沒有傳承也可以修持，所以非常適合初入佛門的人，而且伏藏當中明確授記這個金剛薩埵修法與漢地眾生因緣很深。

觀修金剛薩埵時，觀想形象是金剛薩埵，本體是自己的金剛上師，金剛上師觀想法王如意寶就可以。

在修金剛薩埵修法時，最重要的是認真觀想，並且具足四種對治力。如果按照儀軌的要求圓滿念誦，念金剛薩埵百字明或者金剛薩埵心咒，無始以來的業障一定能得到清淨，這是金剛薩埵的願力與諸佛的加持，對此不用懷疑，但是沒有按照四對治力，達不到這樣的效果。

ད

《無垢懺悔續》中說：百字明是一切善逝的智慧精華，能夠淨除所有的失戒與分別念的罪障，稱為一切懺悔之王。每天如理如法地念誦二十一遍百字明，一天中所造的惡業不會增長；念誦一百零八遍，一天內所造的業障全部清淨。如果按照儀軌如法觀修十萬遍，可以清淨無始劫以來的業障。金剛薩埵修法是我們一生都要修持的最重要法門。

ན

有的人覺得今天造業沒關係，明天可以懺悔，再造業，還可以懺悔，按這樣的情況業障是否能得到清淨，想一想四對治力中的戒後對治力，就知道了。

པ

今天獲得金剛薩埵灌頂的人，每個人在一年之內要圓滿念誦金剛薩埵百字明十萬遍或者金剛薩埵心咒一百萬遍，這個數字對於一個發菩提心度化眾生、發願往生極樂世界的佛弟子來說應該不難，希望大家都能發願完成。修持圓滿後，以後最好也能每天念誦一百零八遍，清淨業障。

數量是一方面，更重要的是質量。在修持時最好能閉關專修，比如每個月用三天時間，關掉手機、電話，去除所有干擾，在家專修。念誦時認真觀想，並具足四種對治力，這樣一年就可以有三十六天的時間專門修法，效果會很好。

有人擔心假使自己現在發願念一億遍金剛薩埵心咒，死的時候還沒能圓滿怎麼辦？對此不必多慮，如果從此刻開始精進勇猛地修持，哪怕明年死了，沒念完一億遍，也會獲得念誦一億遍的功德。不要一說發願修持正法就馬上想到無常不敢發願，平時造業的時候完全想不起無常。

頂禮

五體投地地頂禮，一方面表示你決心放下傲慢和成見，把自己擺在最低的位置，坦然接受一切，不再擔心摔跤和失去；另一方面也能積累巨大的福德資糧。

傲慢的人，看不見自己的不足，也看不見他人的功德，頂禮這一法門是對治傲慢極好的方法。

འ

以身做禮拜頂禮，以語稱頌祈禱，以意專注所做，具足虔誠依止之心，身、口、意三門圓滿地頂禮，可以迅速清淨相續中的五毒煩惱，去除傲慢之心。

ཡ

頂禮時要專注，不要身體在頂禮，心裡卻東想西想，周圍有一點點動靜，頭就馬上轉過去。

ར

幾百年來，西藏這麼多人大禮拜去拉薩朝聖，從來沒有聽說過誰出意外，而且很多藏族人非常希望往生在路上，因為這樣的話，佛一定會接引他們。

共修

與出家人相比較，在家居士顯現上可能會有家庭、需要工作，平時不一定有很多時間修行正法，廣泛利益眾生就更不容易，能參與共修，是難得的機會。

ལ

共修可以讓所有參加共修的人都得到同等的、憑一己之力在一生中都很難完成的功德。在參與共修的人當中，出家人、在家人，都是發了菩提心利益眾生的，而且這當中，肯定會有佛菩薩，與佛菩薩一起行持善法，這一功德直至菩提之間也不會滅失。

大圓滿祖師晉美林巴尊者曾經說：「凡夫修持佛法如果沒有以三殊勝攝持，一旦出現嗔心等違緣，功德很容易滅失。與具德上師一起共修的話，功德不會滅失。」凡夫修法時很難真正地以三殊勝來攝持，所以看到這樣的教言，我們應該很高興。

共修不僅能讓所有參加共修的人得到更大的功德和利益，而且緣於大家的共同發心與迴向，可以使得更多的眾生獲得利益。

在共修的時候，要嚴格按照法本的要求和內容修。如果依照《喇榮課誦集》，就先念加倍咒，之後念《八吉祥頌》、供養儀軌、發心儀軌、《大自在祈禱文》等，再進入所修法的儀軌。一天的修法結束時，念誦《普賢行願品》發願迴向。

這幾年，通過菩提洲網站，大家進行過很多次共修，有放生共修，也有念誦佛菩薩聖號、心咒的共修，一起圓滿了很多功德，但是我希望大家不光是共修期間，平時也要持續行持善法，盡自己的力量利益一切有情眾生。

將每個人有限的功德融入共修的功德大海，將功德迴向眾生，願一切眾生離苦得樂、究竟成佛，這樣的善行會讓我們短暫而無常的人身富有意義、充滿喜悅。

供養

供養可以幫助修行人積累資糧、增長福報，供養不是一定要有錢，佛弟子對上師三寶有財供養、承事供養和法供養，最上等的供養是法供養。

修行有成才是真正地回報了父母和上師的恩德。以堅韌不拔的精神孜孜不倦地實修上師所傳的一切正法，是我們獻給上師最好的供養。

真正的上師不會貪執錢財，但很多人在這個世界上最大的執著莫過於錢財，見到上師而能把自己最執著的東西送出去，表示你願意放下對物質的貪執，接受上師的教導。這不僅是削弱我執的有效方法，也是積累資糧的方便之道。

以清淨發心在具德上師前做微不足道的供養，也有無量功德。如果你對上師有堅定的信心，發願也清淨，不論供養多少財物都同樣有大功德。若信心不夠，發心不清淨，即使拿出錢財供養三寶，也不會有多少功德。

ག

富人供養的錢財多，窮人的供養少，如果發心同樣清淨，這二者在功德上沒有差別。如果供養錢多的是大護法、大師兄，供養錢少的是小護法、小師兄，這和做生意沒區別，不是我們學佛人的規矩。

ང

無論為上師做什麼都是在積累修行的資糧。福德、智慧二種資糧圓滿之前，不可能完全證悟空性；即使已證悟了空性，在獲得圓滿正等覺果位前，仍然需要精勤積累二種資糧，使修道日益增上。

ཅ

上師的所作所為無不在饒益眾生，無不住於正法中，弟子通過自己身和語的行為為上師的弘法利生事業提供便利，雖然不是直接修法，卻也是間接地利益眾生、護持正法。

ཆ

供養財物的人如果發心清淨，功德當然很大，但凡夫人的心不穩固，如果在供養時有吝嗇心，供養後產生後悔心，能不能得到功德很難說。但將自己看到的悅意外境觀想供養上師三寶，一般人不會產生後悔心。

༣

看到美麗的風景、盛開的鮮花，如果我們以清淨的發心觀想以此供養諸佛菩薩，我們所得到的功德也不可思議。扎西持林的僧眾在夏天鮮花盛開的時候，會到山頂修持麥彭仁波切作的花供儀軌，將美麗的景色供養文殊菩薩和十方三世諸佛菩薩。

༤

一九八七年我隨法王到五台山，在返回藏地前曾在菩薩頂供燈，供燈對於我們修行人增上智慧、遣除心中的無明有很大幫助。

༥

燈的光明象徵可以驅散眾生心中無明黑暗的佛陀智慧，供燈可以增上福慧，今後生生世世轉生於有佛法住世的光明劫中，有緣聽聞到佛法。供燈時也應發菩提心，以此供燈的功德迴向無量眾生，願眾生早日斷盡無明。

—大圓滿—

大圓滿

金剛乘的教法又有遠道、近道、捷徑三種。依靠外續事、行、瑜伽三部，在五世、七世或者十六世內能成就佛果，卻不容易修學。依靠近道瑪哈約嘎和阿努約嘎，能在一生一世成就佛果，但如果生起次第本尊如小指大小的形象也不能浮現於心、圓滿次第一呼吸的氣息也持不住，也難以修成。而依靠光明大圓滿，數年數月就能成就雙運果位。

ཐ

大圓滿是一種內證智慧，意思是說三有所顯、生死涅槃一切的法無不在這個證智空性中圓滿具足，所以叫做圓滿；而解脫生死的方便，沒有比這個更殊勝的，所以叫做大。

ད

其他的法門大多數是在分別伺察中建立信念，大圓滿法不用分別伺察，當下直指；其他的法要用風、脈、明點等，年輕的時候脈道舒展，容易修成功，要是年齡大了，則不易修成功。大圓滿法的光明日月從內起現，只要具足精進，不論老幼，都能解脫；其他的法都認為法身、報身、化身三身是究竟成佛時才能獲得的果位，大圓滿法則基道果無別，果位的三身在道中明朗顯現，是在究竟光明本淨界任運證智的妙有境界。

ན

大圓滿法被共稱為九乘佛法之頂飾。法王如意寶說過：得到大圓滿法的人，如果對上師具足信心，不破密乘戒，不誹謗佛法，按次第精進修持，今生就可能成佛；沒有即身成佛的，在臨終法性中陰或轉世中陰出現時，也能解脫。最慢的情況，來世十五歲到二十五歲之間一定能再值遇大圓滿法，條件具足的話，一定能解脫。

བ

別說得到大圓滿的灌頂和引導，或者聽聞大圓滿法，僅僅聽到大圓滿的名號，此人也必將於人壽十歲時得到吉祥智慧空行母的度化，在生、死及中陰三時段中的任何一時獲得解脫，這在《阿底大莊嚴續》中有明確的開示。全知麥彭仁波切在《文殊大圓滿基道果無別發願文》中也寫道：（大圓滿法）僅僅聽聞也必定能解脫。

བ

法王如意寶以前常說每當他想到自己有幸出生在佛法興盛的雪域西藏，有幸入於前譯寧瑪巴持明傳承之教下，並從上師那裡聽聞到大圓滿法，自己也能思維大圓滿的法義，真正修持大圓滿法，真是開心極了。有時候晚上躺在床上想，不說別的，僅僅是每天能把大圓滿的法本帶在身邊，都一定是清淨了無數的業障、積累了巨大

對自己友善並不是放縱自己，因為放縱只會讓我們越來越不尊重自己，而不能讓我們內心安樂。

的資糧才能這樣。想到自己的福報，他高興得簡直要從床上跳起來。

བ

學識和證悟是兩回事，通達經論當然有助於開悟，但不一定能保證開悟。在大圓滿的教法傳統裡，只要依止的是真正的大成就者並對上師具足信心，依教奉行，隨時隨地都有可能開悟。

མ

修行大圓滿必須借助上師的竅訣，否則不會成就。進一步說，要證悟大圓滿心滴部之甚深密意，唯有依靠上師的意傳加持。如果對無上密法、對上師有強烈和虔誠的信心，大圓滿就顯得比較簡單。

寧瑪之光

末法時期眾生的煩惱業力不可思議，大圓滿的加持力同樣不可思議！密續中有授記：「在有勤因乘難以調伏眾生的時期，大圓滿法將廣弘於世，普度有緣眾生。」

ཙ

值遇大圓滿，對大圓滿生起信心當然是福報深厚、宿有善根，但這並不能說明你是「上根利智」，不用聞思，不用費勁，就能成就。我們今生能值遇大圓滿法，應該感激的是大圓滿歷代傳承祖師以及大圓滿法系內無數的成就者、修行者。沒有他們的悲心和努力，大圓滿的法脈不可能如黃金山脈般延綿至今。

《釋迦牟尼佛廣傳——白蓮花論》中有這麼一則故事：釋迦牟尼佛在因地時曾為一國國君，境內普降糧食雨、珍寶雨，幾日不停，國民都說：「我們的福報真大！」國君說道：「不是你們的福德，這一切都是因為我一個人的福德力啊！」

大圓滿傳承的上師們默默承擔起常人無法想像的巨大障難，不惜犧牲自己，以幫助更多眾生接觸到大圓滿法。在末法時期，像法王如意寶這樣的祖師大德，出於對眾生無量的悲心，在較廣大範圍內傳講過去只在小範圍祕密傳授的大圓滿法，使我們有幸值遇此殊勝法門。

法王如意寶十幾歲便證悟了大圓滿，他從小就相信自己一定能獲得虹身成就，甚至像蓮師那樣不捨肉身直接去往清淨剎土，但是後來法王如意寶廣弘無上大圓滿法，有些弟子破了密乘戒，甚至存心製造違緣阻礙上師的弘法利生事業。法王如意寶曾說因為這個原因，他示現圓寂時可能不會虹化，可他絕不後悔，能讓更多眾生獲得大圓滿法的利益，不虹化也沒有關係。法王如意寶還說：「我圓寂後，肉身可能不會化光、縮小，也許反而會增大，如果是這樣，你們也不必害怕。我不會給你們造成任何傷害。我的慈悲心、菩提心與生俱來、無有造作，不管在什麼情況下，我都不會傷害眾生哪怕一根毫毛。不論我最後怎樣示現，都希望大家不要心生疑惑，不要毀謗上師，更不要退失對大圓滿法的信心！」儘管受到破戒弟子冒瀆之氣的嚴重干擾，法王如意寶示現圓寂時仍然呈現了虹身成就的種種瑞相，肉身縮小，虹光漫天……法王如意寶還留下了殊勝稀有的金剛舍利，讓世人再次見證大圓滿法的不可思議和聖者福德力的廣大無邊。

༢

法王如意寶在世時一直提醒我們珍惜跟隨上師學法的機會，他說：「等我不在了，你們再想求大圓滿竅訣，很難吶。末法時期，有些人會講法，自己卻沒有多少修證；有修證的又往往不能按照見、修、行、果的次第為弟子完整傳講大圓滿法；有的人既沒有證悟境界，也沒有能力傳講續部教言，卻喜歡信口開河、四處傳法。真正有修證、能講大圓滿密續、又能講竅訣的上師，就像白天的星星一樣稀少。」

༣

我很幸運，今生能成為法王如意寶和諸多具德上師的弟子。如果不是憑藉上師們深厚的悲心和福德，末法時期如我這般福報淺薄的眾生，不可能接觸到大圓滿法的光明。現在，仍有許多高僧大德住在世間，不遺餘力地弘揚大圓滿法。他們是這世間的莊嚴，是眾生的依怙。

大圓滿續部有多達六百四十萬續，歸納起來，有心部、界部、竅訣部，竅訣部又有外、內、密、無上極密類，其中，無上極密續集外、內、密續之大成，完整、詳細闡述了本基的實相、道──見修行、果──究竟解脫的道理。無上極密有十七續，加上《密咒護法忿怒續》，一共十八續。

འ

生活在十四世紀的大圓滿傳承祖師全知無垢光尊者從廣大和甚深兩個方面對大圓滿十八部續的密意進行了歸納和詮釋，撰寫了諸多論著。其中，廣大班智達類是《龍欽七寶藏》，甚深革薩里類是《四心滴》。

ཡ

寧提（心滴）法系有兩支主要傳承：布瑪木扎尊者的心滴傳承和蓮花生大士的心滴傳承。無垢光尊者在上師面前獲得這兩個傳承的口傳，後在定境中親見蓮花生大士和布瑪木扎尊者，得其傳承和囑咐，編纂、撰寫了《四心滴》，共有五函，分別為：一、《布瑪心滴》，布瑪木扎尊者所傳；二、《空行心滴》，蓮花生大士所傳；三、《上師心滴》，對《布瑪心滴》做的廣釋；四、《空行精滴》，對《空行心滴》做的廣釋；五、《甚深心滴》，總攝前四函的內容而著的教言。因為第五函的內容以前四函為根本，所以通常將這五函共稱為《四心滴》。

ར

到十八世紀，大圓滿傳承中又一位集大成者——晉美林巴尊者（持明無畏洲）出興於世。晉美林巴尊者是布瑪木扎尊者和法王赤松德贊的雙入化身，而法王赤松德贊曾在蓮花生大士和布瑪木扎尊者前得到寧提傳承。晉美林巴尊者一身融彙了寧提法系的兩大傳承，並得到全知無垢光尊者的意傳加持。

ལ

晉美林巴尊者對全知無垢光尊者懷有極大的信心，在桑耶青樸進行三年三月零三天的閉關時，於禪定中三次見到無垢光尊者並得到其身、語、意的加持，從而獲得了大圓滿的最高證悟。全知無垢光尊者相續中的寧提密續在晉美林巴尊者的相續中完整顯現。尊者造了一系列論著開顯《龍欽七寶藏》的真義。

ཤ

當年蓮師在桑耶寺給法王赤松德贊等弟子傳了《龍欽寧提》法，並由益西措嘉空行母將此法伏藏於諸弟子的本覺智慧中。蓮師給予授記灌頂，預言這些法要將由法王赤松德贊的轉世晉美林巴尊者發掘。九百多年後，蓮師的授記灌頂成熟以及善妙因緣具足，晉美林巴尊者在其光明心性中開啟出直接來自於法身普賢王如來和蓮師的意伏藏法——《龍欽寧提》。《龍欽寧提》集合了《布瑪心滴》與《空行心滴》兩支傳承的精華，包括若干本續、附續及眾多竅訣、儀軌和引導，由晉美林巴尊者逐一開啟，並逐步寫成書面經函。

ས

龍欽寧提源自普賢王如來，通過如來密意傳、持明表示傳和補特迦羅耳傳三種方式，經由歷代傳承祖師至晉美林巴尊者，才完整構建這個法系。稱其為龍欽寧提的主要原因是：其一，此法是大圓滿竅訣部無上極密類法門，為諸法心髓；晉美林巴尊者在禪定中親見無垢光尊者（龍欽繞降），得到大全知的加持和啟發後，才完整開啟了伏藏法；其二，此法彙集了無垢光尊者所傳的以《四心滴》和《龍欽七寶藏》等為核心的寧提法系的精髓；其三，「龍欽」的意思是無所不包，「寧提」的意思是心髓。此法系既廣大甚深，又濃縮了所有法門的精華，誠如晉美林巴尊者所說「此即廣大界，此即是心髓」。

ད

法王如意寶曾說：他傳給我們的大圓滿法，傳承來自全知麥彭仁波切的意傳，而麥彭仁波切的傳承則是得自全知無垢光尊者的意傳。又一次，法王如意寶說：他的大圓滿傳承直接來自無垢光尊者的意傳，所以大家應當對這一帶著傳承祖師溫熱氣息、如金線般純淨無垢、無斷無染的近傳承心生歡喜、珍惜和感激。

大圓滿前行

龍欽寧提是即生可獲得金剛持果位的甚深妙法，然而，在進入龍欽寧提大圓滿

當處於情緒的低谷又孤立、封閉時，我們很容易認為自己比其他人都更悲慘。但是，情況肯定比想像的要好。

正行修法前，除極少數上根利智的弟子外，通常要嚴格地按照次第從前行修法開始修持。

ཨ

修前行是修出離心、菩提心，積資淨障，調柔相續。打好前行基礎後，正行修法才能順利和穩固。前行修法的基礎扎實，證悟大圓滿並非難事。歷史上也有不少在修前行的過程中顯現開悟的例證。

ཨ

專心修前行，自然無人我是非，貪嗔、嫉妒、惱害之心也少了。前行修得好，遠離世間八法，對境無妄心，就是禪定。此定不著定相痕跡，行住坐臥不離其中。

ཨུ

阿瓊仁波切在《前行備忘錄》中寫道：傳統上，前行修完後，上等修行者即能成就四禪，中等修行者可修成初禪，下等修行者也能達到欲心一境。

ཨི

法王如意寶在喇榮五明佛學院傳講大圓滿法時，要求所有祈請大圓滿傳承與灌頂的弟子務必先完成前行修法；有個別特殊情況，沒修完前行就獲得傳承與灌頂的弟子也必須發願在最短時間內修完前行。

ཨཱུ

大圓滿前行修法分為三部分：共同外前行、不共內前行、往生法。

在共同外前行部分，要修持「暇滿難得、壽命無常、輪迴過患、因果不虛、解脫利益、依止上師」六法。共同外前行是人天乘、聲緣乘、大乘（菩薩乘）共同的修法，目的是調柔相續，生起知苦離苦之心。

通過觀修暇滿難得和壽命無常，我們將不再貪戀、希求今生今世的享樂；通過輪迴過患、因果不虛的修法，我們將斷除對來世生於善趣、享受人天安樂的希求，並間接對謀求自利的心行產生厭惡。對謀取今生、後世、自利的心行生起厭離就必然追求解脫，為此務必要思維解脫的功德利益，並認識到只有具足法相的上師善知識才能宣說解脫道，因此要知道如何依止善知識。

不共內前行是大乘的修法，包括皈依、發菩提心、金剛薩埵百字明、供養曼茶羅和磕大頭五個修法，也叫五加行。

往生（頗瓦）法主要針對沒有機會求得正行法或求完正行後修道還沒有達到穩固境界的人，在死亡來臨時，依靠頗瓦法來延續道的修行。

頗瓦法是蓮花生大士為了饒益一切眾生傳承下來的法門，如果今生遇到大圓滿等法但沒有成就，可以通過修持頗瓦法在中陰得到解脫與成就。頗瓦法的修持很簡單，如果具足信心，在一個星期左右就會出現驗相。

發願修一次前行不容易，應該盡量如理如法地修持，不要圖快而影響修行的質量。如果觀照和發心得法，功德和悲心會迅速增長。

按照傳統的做法，前行法最好能入座修，以打坐的方式，有規律地在一天當中更適合修法的幾個時間段裡修行，比如黎明座、上午座、下午座、傍晚座。

心念的變化與身體內氣脈的運行密切相關，二者互相影響；人體氣脈與日月星辰的移轉又有密切關係，所以我們根據太陽的運行規律來確定修法時間，在這些時間段裡，心比較調柔、安靜，適合觀修。

修法的入座時間可以根據實際情況決定，一天安排兩座、三座、四座、六座等。各地經緯度不同、春夏秋冬四季變化日出日落的時間也不同，很難籠統地說每一座具體幾點開始、幾點結束，個人根據自己居住地的實際情況定時間表。

一旦入座，最好就不要中斷，上廁所、接電話、開門關門、處理雜事這些都盡量在入座前處理好。

ༀ

晉美林巴尊者在總結前人經驗及龍欽巴前行儀軌的基礎上，撰寫了更為系統、完整的儀軌，廣述了大圓滿前行修法次第。其大弟子晉美成利俄色（菩提金剛）後來對此儀軌又做出進一步補充，稱為《大圓滿龍欽寧提能顯遍智妙道前行儀軌》。晉美林巴尊者將前行儀軌修法口傳給如來芽尊者等弟子。

ཨ

近代大圓滿傳承上師全知麥彭仁波切概括大圓滿前行儀軌的主要內容，撰寫了更為簡明扼要的前行儀軌《開顯解脫道》。修前行時，既可以念誦《大圓滿龍欽寧提能顯遍智妙道前行儀軌》、《開顯解脫道》，也可念誦其他高僧大德所造的前行儀軌。

ཀ

五加行的儀軌是如真佛般的大成就者所撰寫，密意深廣。即使從簡單的層面理解，修持後也能對佛法生起真正的信心，對眾生生起穩定的悲心。

ཁ

像華智仁波切這樣不可思議的祖師大德每一座修法都要修前行，作為初學者更應該心無旁騖、精進不輟地實修前行。

ཁ

無論是修共同外前行還是不共內前行，每一段引導，每一座，都要如理如法地按照座前準備、入座觀修、結座迴向的各個具體步驟去做。

ག

結座之後，不要一躍而起，要反思一下，自己這一座到底修得怎麼樣，有沒有隨迷亂所轉。修得好，不要沾沾自喜；修得不好，也不要失望懈怠。要鼓勵自己不論遇到什麼情況都要堅持修法。

ང

初學者沒有太大能力管好自己的心，也就是沒有定力，在其他時間觀修不會有很好的效果，特別容易昏沉、散亂，所以在座間還是念經和做其他善事為宜。

ཅ

很多人修起五加行來很精進，與人交往時脾氣卻很大，這說明在修五加行的時候，只求數量，忽略了許多重要細節，比如說悲心的修持。脾氣大是一種情況，還有其他的一些表現，也是因為修加行時匆匆而過。

ཆ

磕大頭最好能和七支供一起修，念一遍七支供磕一個大頭。做不到的話，也可以和皈依一起修，每磕一個大頭念一遍皈依偈。磕頭的時候把父母、親人、仇敵、旁生及其餘的六道眾生全部觀想在自己身邊共同皈依。

༄

四無量心是菩提心的基礎，在修正行發菩提心之前，要先進行四無量心的聞思修，不要忽略，跳過去直接修正行發心。

༄

「慈、悲、喜、捨」這四無量心，任何一項都不容易做到。比如對一切眾生時刻保持悲心，大多數人是做不到這一點的，能對一切眾生時時刻刻保持悲心，差不多已經成佛了。

༄

四無量心的修持相對穩定後，再念發菩提心的偈頌「如同三世佛佛子，已發最勝菩提心，我亦為度遍天眾，願發無上勝覺心」，相信大家會有不同的覺受。

༄

念一念發菩提心的儀軌很容易，但應該捫心自問：到底有沒有在心底真正生起這樣堅固的信念，在行住坐臥、與人交往時都能保持這樣的發心。

༄

圓滿修持五加行和上師瑜伽後，大家的相續必定會得到根本改變，到那時就可以在一位具德上師面前祈請大圓滿的傳承或灌頂，修持大圓滿法。

不要相信有個叫「命運」的傢伙在專門跟你作對、故意要整垮你。
這個世界上不是只有你失意、無助、沒有安全感。

普賢上師言教

十九世紀時，如來芽尊者的弟子華智仁波切在如來芽尊者座下聆聽了二十五次大圓滿龍欽寧提前行法，每一次都做詳細的筆錄。他說：「上師的教言，我一個字都捨不得忘。」華智仁波切後來把如來芽尊者口傳的前行法教言彙集成文，他認為自己的根本上師與普賢王如來無二無別，因此把上師教言筆錄稱為《普賢上師言教》。

《大圓滿龍欽寧提前行引導文·普賢上師言教》不僅廣泛深入地講解了龍欽寧提前行儀軌的內容，而且攝集西藏各主要教派的前行引導文及顯密修法之關要，完整涵蓋了三士道次第，包括諸多殊勝竅訣要點，極為難得稀有。

華智仁波切的大弟子紐西龍多仁波切將來自上師的口傳和竅訣傳給堪布阿瓊仁波切，阿瓊仁波切據此寫出《前行備忘錄》，集諸多實修竅訣於一體，為後世修行者留下了又一部珍貴的前行引導文。

自從問世以來，《普賢上師言教》一直是西藏流傳最廣的前行引導文，被反覆聽聞、講解、背誦。在西藏，能背誦《普賢上師言教》的修行人非常多。

ད

我曾在法王如意寶、根容堪布、才旺晉美堪布和晉旺堪布前多次聆聽口傳及竅訣。法王如意寶傳給我的《普賢上師言教》的傳承是由華智仁波切傳給樂喜堪布公美，堪布公美傳給喇嘛羅珠仁波切，羅珠仁波切傳給法王如意寶。

བ

在法王如意寶座下我完整聽聞的第一部論典就是《普賢上師言教》。以前在喇榮五明佛學院，每年的藏曆神變月，法王如意寶都會傳講一遍這部前行引導文，我們也得以在上師面前一遍遍聽聞這一殊勝教言的口傳和竅訣。

ར

在寧瑪巴教法中，不論是出家人還是在家人，初入佛門都要修學《普賢上師言教》。法王如意寶一生得到的傳承和自己閱讀的次數加起來至少七十多遍。這部如珍寶般的前行引導文一定要反覆閱讀，實修的時候修到哪個修法，還要重點看這個部分。

ཧ

《普賢上師言教》、《前行備忘錄》以及其他多種前行引導文都是具有持明傳承殊勝加持的法本，如果反覆研讀、如理修行，一定能得到加持和成就。

上師瑜伽

喇嘛欽

兩千五百多年，我們由於傲慢、顛倒、固執、牽掛和恐懼，一再錯過機會，直到今天。儘管我們依然褊狹，依然不知珍惜，卻有人依然持佛陀的智慧明燈，在無盡的夜裡等待為我們照亮前路。如果我們還是錯過，他說：他會停留，他會再來，直到我們不再錯過。這就是上師的慈悲。

ན

上師在世間停留不是因為留戀，他是不忍離去，他想幫助我們了悟：我們的心和他的心一樣，其實已經在光明中。

པ

藏語中，拜師求法叫「喇嘛拉登巴」，「喇嘛」的意思是上師，「登巴」的意思是依靠。世俗之事，一般人也能幫你解決，而成辦解脫輪迴的大事，只有依靠上師。

པ

藏地的大成就者密勒日巴與他的上師馬爾巴，古印度的大成就者那洛巴與他的上師帝洛巴，他們之間有很多精彩的公案流傳於世。上師要求弟子做一些看起來與佛法無關的事，比如蓋房子，比如乞討，有些要求看起來甚至非常不合理，而做弟子的，因為對上師懷著強烈的信心，所以上師怎麼吩咐就怎麼做，歷盡千辛萬苦，飽受磨難，但最後在上師的加持下得到成就。

བ

在金剛乘中，所有的成就都依賴於對上師的信心與上師賜予的加持。缺少對上師的信心，不論你有怎樣的世間聰明，或者閱讀過多少經論，可以肯定的是，你的修行很難有結果。

ཞ

密乘的修習中強調「不違背上師教言」，目的並不是為了樹立上師的權威，而是為了培養弟子平靜接受一切際遇的能力。

མ

在上師面前，沒有自我的立足之地。

ཡ

世間萬物相互聯繫、息息相關，我們如果能對一個人完全敞開心扉，就能對整個生活開放；如果在任何情況下都能與一個人溝通，就能和整個世界溝通。

ར

上師的加持無所不在，生活中的一切際遇都是諸佛菩薩的加持。這意味著我們決心直面生活的實況，選擇把順境逆境都當作修行的途徑。

༢

如果我們真正相信上師的加持無所不在，就不會在意自己會摔得多慘，哪怕山窮水盡，比周圍的人都潦倒，也可以接受。事實上，這份坦然和決心，已足夠令我們的生活開闊而富足。

༣

當你放下成見、偽裝和算計，不再牽掛、焦慮和希求，你的心才真正敞開。只有到這時，你才有可能去接收上師一直在試圖傳遞給你的信息。

༤

上師與弟子之間關鍵的是心靈相契，無偽的信心可以穿越時間、空間，而成就者的加持原本就無所不在。

༥

不論身體離上師是遠是近，只要內心保持與上師的默契溝通，理解、領悟、牢記他的教誨，在心靈深處感念他的功德和恩德，就能領受到上師源源不斷的加持，這便是跟隨上師修學佛法，依靠上師趣入解脫。

༦

千江有水千江月，如果上師的心是空中圓月，個人心中的江河愈平靜，映出的月影就愈皎潔圓滿。污物漂浮、波浪洶湧的江面倒映出的月影必定是染污零亂的。

只要是單純而坦白就比較容易與上師相應。

當我們逐漸敞開心扉，學會恭敬而親密地對待周圍的一切，與己、與人、與世界不再頻發衝突，我們會明白：這份單純和坦白是上師手把手教會我們的。

上師就是我們現量能見到的佛，是我們內在佛性的具體外相。從向外馳求轉向回歸自性，在這個轉變發生的那一刻，我們便開始準備與上師相逢了。

如果我們有佛菩薩的智慧洞見，就會看到今生今世與上師的相逢，是我們在輪迴中最圓滿、最溫馨的經歷。

因為往昔積累的福報，我們才得以在今生見到自己的上師，然而，這樣的相逢很短暫。

視師為佛

上師對於我們至關重要，從一開始就不能破壞師徒之間的緣起。上師要觀弟子

自以為是有時也表現為自卑。堅持認為自己一無是處，在任何情況下都不改變這個觀點，這不是自以為是又是什麼？

成佛，弟子要視上師為佛。持明無畏洲說過：如果把上師看成凡夫，就只能到狗面前去取悉地了。

ཁ

一個人會值遇怎樣的上師，既取決於個人的發心和與上師的因緣，又與同時代眾生的共同業力相關。釋迦牟尼佛直接以佛陀的形象出現在世間引導眾生；佛滅度後，眾生福報減小，只能看見佛以阿羅漢的形象示現；阿羅漢之後是班智達利益眾生；到現在末法時期，眾生眼裡只能看見普通人，佛便以普通人的形象出現在我們的生活中。

ང

法王如意寶在講解《傑珍大圓滿》時曾經對弟子們說：「該傳給你們的大圓滿法，我都已經傳給你們了。從今以後，希望你們真正視上師為佛，勇猛精進修上師瑜伽。如果能做到這兩點，今生即使沒有聞思也必定能證悟大圓滿。你們對此不要懷疑，也不要猶豫。這是至尊蔣陽欽哲旺波當眾所說的金剛語，其他很多上師也這樣說過，我亦如是說。」

ཅ

證悟大圓滿必須依靠弟子對上師的信心以及上師賜予的加持。如果嘴上說「上師是佛、上師對我的恩德很大」，相續中卻沒有生起這樣的定解，沒有真正視上師為佛，那麼無論你有怎樣的世間聰明，通達多少甚深經典，都得不到上師最殊勝的加持，無法證悟大圓滿。

ཆ

根據蓮花生大士的教言，大圓滿修行人根器銳利主要表現在四個方面：視師為佛，具有堅定的信根；不畏懼金剛乘的廣大行為，具備精進根；能證悟金剛乘甚深見解，具有超卓的慧根；能嚴守三昧耶戒，具戒根。我們可以對照一下，看看自己在這四個方面存在哪些不足，不足之處要加倍努力改進。

ཇ

《應成續》中關於弟子的法相講了很多，其中最重要的是對上師具有恭敬心。具足對上師的恭敬心，證悟無上密法並不困難，面見本尊、神通神變以及對眾生的大悲心這三大功德也會自然而然地成就。

ཉ

怎麼觀察自己的上師是不是大成就者呢？以大圓滿的自宗來講，如果有具有神通、親見本尊和利益他人三種能力，麥彭仁波切說這就是大成就者的一種徵象。

ཏ

修持大圓滿的上師，有的經常顯示神通，有的偶爾示現，但如果對未來的授記非常準確，就證明是大成就者。至於親見本尊，一般人難以揣測，如果這位上師弘法利生的事業和發心非常廣大，說明他與本尊有密切的關係，也可以證明他是大成就者。

上師瑜伽

沒有足夠的宿世福報，今生不可能值遇賢善的上師，而內心不清淨，即使真佛現前也不會見其功德。自心清淨，佛陀即使以普通人的形象示現，你也能認出他是佛；自心不淨，再好的上師你也看不出他的好。

ཐ

上師瑜伽修法能使我們增上對上師的信心，這也是最接近大圓滿正行的修法。有很多修行人在修持上師瑜伽時獲得成就。我見過很多修行人，他們沒什麼文化，大字不識，但依靠對上師無偽的信心，在臨終時顯現成就的瑞相。

ད

上師親自來到我們面前將佛陀的甘露妙法毫無染污地傳承給我們，所以上師與我們的因緣更近，對我們的恩德也更大。時時祈禱上師，能夠迅速獲得加持。

ན

在進行日常念誦或其他聞思修行前先修上師瑜伽，無論你在修前行法還是正行法，都會很快趨入正道。

པ

修上師瑜伽時，如果真正相信自己的上師就是佛，是佛以人的形象出現來度化自己，如果對此沒有一絲一毫的懷疑，那麼可以在修法時直接觀想上師本人的形象；

如果只是把上師觀想成佛，對於「上師即是佛」這一點仍有疑惑，修法時可以把上師觀想成本尊；或者雖然對「上師即是佛」還有疑惑，但直接觀想上師比觀想本尊更讓你覺得有加持力，那麼修法時也可以觀想上師的形象。

ཕ

往昔無數的佛陀出世，但我們因為業障深重，沒有得到度化，現在上師以無量的悲心再次來到我們面前，開示解脫之路。如果沒有遇見上師，自己肯定還會在輪迴的苦海中繼續漂浮，感受無量的痛苦，沒有機會解脫。照這樣一點點地觀想，慢慢地我們會在觀想到上師時汗毛豎起，甚至情不自禁地流淚。這時候，我們對上師肯定生起了信心。

བ

觀想上師在自己頭頂上方，一邊觀想，一邊念誦上師瑜伽。念誦之後開始祈禱上師，可以念誦上師的心咒。最後觀想上師變成一個明點，由頭頂融入到自己的心間，如此安住一段時間。

མ

上師瑜伽是一切教法的源頭，直指諸法實相，它是無上究竟法門，卻易懂易行，隨時隨地都可以修持。

ཙ

吃飯時，觀想上師在自己的喉部，美味的飲食都敬請上師享用；走路時，觀想上師在自己右肩的上方；感受快樂時，想到這是上師的恩賜；處於逆境時，想到這是自己的果報，慈悲的上師加持，讓自己在有能力清淨以往業障的時候經歷這一切，學會體驗他人的痛苦，從而更快地生起菩提心。

對上師有信心，對眾生有慈悲心，相信因果，做不到這三點，即使釋迦牟尼佛親自來到你面前宣講大圓滿法，也不可能開悟；做好這三點，哪怕魔王現身也無法誘導你偏離解脫正道。

有的弟子詢問修上師瑜伽時能否觀想我的形象。我只是一個凡夫，一個凡夫祈禱另一個凡夫得不到什麼加持吧，要祈禱就祈禱法王如意寶。法王如意寶是一位可以把今生來世的安樂都託付給他的上師。

我以前有個侍者叫德利，是位非常清淨的出家人，對我很好。一九九五年，德利身患重病從佛學院回到家鄉青海。他臨終時一直念著我的名字祈禱，在祈禱中離開了這個世界，剛二十五歲。德利去世後他的父親來看我，告訴我當時的情形。我聽了非常難過，當時就哭了，怎麼也忍不住，在場的人也都跟著哭了。我是不輕易落淚的人，離開法王如意寶時會哭，其他時候很難。德利不應該祈禱我，他應該祈禱法王如意寶。

ཞ

法王如意寶是我所知道的具德上師的代表，既了義地通達佛法，又具有高尚的人格，是末法時期真正具足法相的善知識，非常難遇。在法王身上，光是做人，就夠我學一輩子。

ཟ

我還不具備讓弟子生起信心的能力，假使你們要找尋這種信心，應該向法王如意寶祈請，他才有這種能力。

འ

願意觀想我，肯定是對我有信心，既然對我有信心就按我說的做。如果你們有自己的具德上師，可以觀想自己的上師，如果一定要觀想我，就觀想法王如意寶。

ཡ

我沒有什麼功德，如果有那麼一點點的話，就是從來沒有把法王如意寶當凡夫想，也從來沒有擾亂過上師的心。

ར

我傳的法全是法王如意寶傳給我的，而且我在依止法王如意寶的二十一年中，從來沒有違背過上師的教言，從來沒有讓上師示現不悅，傳承非常清淨。接受過我的傳法的弟子，你們與法王如意寶的傳承非常近，祈禱法王如意寶會很快得到加持。

只有不放棄自己，才會不放棄他人；只有尊重自己內心的感受，才會願意去體念他人的感受。

༤

有人也許會有疑問，自己沒拜見過法王如意寶，沒得過法王如意寶的傳法和灌頂，祈禱法王如意寶會有加持嗎？能將法王如意寶觀想為自己的上師嗎？這不用有任何疑問。法王如意寶是真正的佛，任何人只要真心向他祈禱，一定會得到法王如意寶的加持。不管見沒見過，都可以把法王如意寶觀想成自己的上師。

༥

我們這些佛弟子，誰也沒有見過釋迦牟尼佛和阿彌陀佛，但一樣可以通過信心和祈禱與佛陀的加持相應。如果沒有見過就不是上師，那是否釋迦牟尼佛也不是我們的上師呢？我們還是不是佛弟子呢？

༦

在法王如意寶生活的年代，麥彭仁波切早已圓寂，然而法王如意寶對麥彭仁波切具有堅定的信心，在十幾歲時念誦了一百萬遍麥彭仁波切的祈禱文和一萬遍麥彭仁波切所作的《直指心性之教言》，證悟了無上大圓滿。法王如意寶常常提醒：「對麥彭仁波切的法一定要注意，哪怕你們說一句麥彭仁波切的不對，傳承的加持力都會斷掉。」

༧

只要對法王如意寶具足信心，精進修持法王如意寶所作《上師瑜伽速賜加持》的修法，至誠祈禱，一定會得到不可思議的加持。

ཨ

不論做什麼功德善事都可以時時刻刻地向法王如意寶祈禱。法王如意寶是眾生的如意寶，所有向他祈禱的人都會得到他的殊勝加持。

紀念法王

無盡藏

從本師釋迦牟尼佛圓寂到現在，快有二千六百年了。在這漫長的歲月中，無數高僧大德應化世間利益眾生，這其中法王如意寶晉美彭措毫無疑問是最偉大的聖者之一。

ༀ

很多佛經和傳承上師的著作中對法王如意寶的弘法利生事業都有明確的授記，說法王是蓮師的化身，在末法時代廣為弘揚顯密教法。法王如意寶的功德與事業，他的無量悲心和廣大的利生事業，在海內外是公認的。

ཨཱཿ

一九八〇年，法王如意寶在四川色達建立了喇榮五明佛學院。三十多年來，這所位於青藏高原一個偏遠山谷，平均海拔四千米以上的佛學院，成為全世界最大的佛學院，培養了大批漢藏僧才，他們廣轉法輪，使得各地聞思修日益增上，引導無數眾生走上解脫之路。

整頓僧團，保持僧團的清淨無染，是起源於釋迦牟尼佛住世的時代並延續至今的佛門傳統。一九八五年，法王如意寶倡導藏地寺廟進行整頓，糾正違戒行為，清淨風氣。眾多寺廟響應支持，當然也不可避免地引起一些不滿和攻擊。紛爭持續了十年，法王如意寶沒有抱怨、批評過任何人，也從未爭論、辯解。只有一次，他淡淡地說：「以僧團現在的狀況，如果繼續放任自流，藏地的佛教將前途黯淡，岌岌可危。為了佛法的繼續弘揚，即使獻出生命我也不會退卻，何況只是面對一些無謂的誹謗。」

一九八四年的冬天，我初次去喇榮溝拜見法王如意寶。當時我家裡的經濟條件不允許在學院長住，我帶了兩本大圓滿法本向法王求法，準備求到後回家鄉閉關六年專心修行，但是大恩上師安排我在學院安頓下來，給我提供了住宿和生活資具。那年的冬天分外寒冷，可是我心裡無比溫暖。我想，今生能遇到這樣的上師，是最大的福報和幸運，只要自己好好修行，在法王的加持下，這一世一定有希望獲得解脫。

法王如意寶的一生是個無盡藏，凡與他結緣的人都得了他的好處。他把自己當成一座無所不有的寶庫，別人需要什麼儘管拿去，取之不竭，用之不盡。

周圍的人、身邊那麼多弟子，每個人生活上的小事法王都看在眼裡、記在心裡，然後在似乎不經意間便幫著把問題解決了。

法王如意寶生活樸素，對衣食住行沒有什麼要求。他不愛穿鞋穿襪，一年四季常常赤腳走路。弟子供養的衣服，法王往往穿一兩次便轉送他人。信眾供養的錢，他也都拿出來分給學院的出家人。

弟子因為破戒而離開學院是法王如意寶最不願意看到的事，每當發生這種情況，他的眼淚就乾不了。管家彙報處理的結果，只要說得稍微具體一點，法王就連忙制止：「不要告訴我，不要告訴我！」他實在是不忍心知道更多。

到法王如意寶面前，無論怎樣卑微的人也會覺得自己的可貴，無論怎樣失意的人也會覺得腳下原沒有絕路。所謂人間莊嚴，便是這樣吧。

很難形容我對法王如意寶到底有多敬畏，每次接到大恩上師的電話，我都會緊張得不知道法王在講什麼，總是過了好幾分鐘才慢慢聽明白。見到上師時也是緊張得不得了，遇上學院有事情要向上師請示的時候，我們幾個誰都不敢先進門，經常在外面抓鬮決定誰先進去。

法王如意寶曾在課堂上要求我們把自己的誓願寫在紙條上交給他。有人發願終生閉關修行，有人發願著書立說弘揚佛法，我當時寫的是：盡己所能弘法利生。法王如意寶看過我們的紙條很滿意，他笑著說：「你們要說到做到，以後就算我走了，我也會時常回過頭來看你們是否在履行自己的諾言。」

我們這些人，一方面來說很有福報，見過這麼偉大的成就者；另一方面來說，福報不夠，因為法王如意寶七十一歲就圓寂了。他離開得太早，這是整個佛教界的重大損失，我們很難再有福報遇到這樣偉大的上師。

如果當年不是那麼拘謹，也許我能在更多世出世間的問題上得到法王如意寶的指點。不過，也沒有什麼可遺憾的，真誠的恭敬心使我得到了法王如意寶全部的加持，與諸佛無二無別的加持，對一個修行人來說，這就夠了。

現在我所做的一切都是為了把大恩上師的光明和溫暖傳遞給更多有情生命。願一切眾生都對法王如意寶生起信心！

我們的信念、理想、價值觀什麼的，往往被利用來強化自我、排斥他人。不信就看看吵架的、衝突的、戰爭的各方，沒有一個不認為自己有理的。

二〇〇三年（藏曆水羊年），學院的極樂法會有十多萬人參加。法會期間藏曆九月二十二日那天，法王如意寶說：「這也許是我們師徒最後一次相聚，也許是我最後一次給你們傳講佛法」，「這次法會不是最後卻是最好的，我年紀那麼大了」，「以後還能有機會講法當然更好，但世事無常」。誰也不曾想到，他老人家在這個時候已經準備好要圓寂了。

ༀ

在這次極樂法會上，法王如意寶說：「講多了怕大家記不住，就算當時記住過後也很容易忘，所以只講三點：第一，今後時常祈禱阿彌陀佛，發願往生極樂世界；第二，做任何事情前，善良的發心很重要；第三，今後不要再殺生，也不要做與殺生有關的生意。」說到第三點時，法王如意寶甚至用祈求的口吻說：「請大家一定做到。」

ཨ

到了藏曆十月的時候，法王如意寶示現生病。他說：「去不去治病聽你們的，讓我去我就去，不去就不去，我自己是不想去醫院的，但我不想讓僧眾有任何遺憾。」

ཀ

法王如意寶在藏曆十一月十五日這天示現圓寂。圓寂前七天，他在醫院的時候，法王讓學院這邊把電話放到麥克風旁邊，好讓大家都能聽到。法王如意寶在電話裡對學院的僧眾說了最後兩句話：「不動己心，不亂他心。」

ཁ

法王如意寶圓寂前交待不用特別處理他的法體，連頭髮、衣服都不能修塔。他說把這些修塔的錢用來供養僧眾、放生最有意義，用他的法體修塔沒什麼意義。

ག

法王如意寶沒有說一定不會有他的轉世活佛，但他說：「自己這一世度化眾生的能力實在太小，所以不會在圓寂後很快轉世，要先去阿彌陀佛那裡，等功德圓滿，具備了更大的度化眾生的能力以後，再回娑婆世界。」

很多人去佛學院參加了法王如意寶的荼毗典禮，親眼看到很粗的鐵棍都被熔化，法王如意寶的肉團心卻沒有被燒壞，在火焰過後出現金剛舍利。修行人如果戒律清淨，精進修行，成就了羅漢果位或菩薩果位，荼毗時可能會出現舍利，而金剛舍利只有達到佛的果位時才會出現。

ང

佛菩薩遊舞人間，示現如凡夫般的生老病死、喜怒哀樂，這一切都大有深意。

佛的境界不可思議，我們所感受到的法王如意寶的慈悲和智慧，只是佛陀無盡功德藏的滄海一粟罷了。

思念

我常常在夢中見到法王如意寶，夢見自己在法王座下聽法、跟隨法王朝聖。每次在夢中相遇，都非常快樂。從短暫的夢中醒來，我越發思念他，時刻思念他。

法王如意寶給了我遠勝世間父母的關愛、最清淨圓滿的教法傳承和最殊勝的修行竅訣。遇到這樣與佛無別的上師，並在其座下聞思修行，是我今生最大的福報。沒有上師的慷慨和慈悲，我不知道自己還要在迷惘和孤獨中流轉到什麼時候。

在法王如意寶圓寂前七天我還拜見了他老人家，當時的情景歷歷在目，法王慈悲地詢問我身體怎麼樣。世間的一切真的很無常，沒想到這是我與大恩上師最後一次相見。

年輕時我總以為法王如意寶這樣偉大的上師一定會長久住世，我一定還能長長久久地跟隨在他身邊，有很多機會聽上師講法。即使有朝一日不得不分離，那也會是很久很久以後。

記得那年學院新的大經堂奠基時，天空出現一條細長的白雲，橫跨西東。法王如意寶說：「這是善妙的緣起，我去佛陀初轉法輪的聖地鹿野苑朝拜時，天空也出現過這種景像，它預示著佛法在世間長駐廣弘，傳講佛法的高僧大德長久住世。本來我從小發願像麥彭仁波切一樣活到六十六歲，但從現在的緣起看，我的壽命有可能會更長一些。」聽到上師的這些話，我心裡激動不已。法王如意寶接著說：「我們師徒有緣在一起講聞大圓滿法，各方面因緣都具足。現在大圓滿法的傳播如日中天。大家千萬要珍惜這段美好的時光，做到戒律清淨、勤奮聞思，不要東跑西跑。我在世期間，你們盡量不要離開學院，就在這裡好好修法。一來，這有助於你們自己的成就和解脫。二來，也是為了日後大圓滿法能更長久地在世間流傳。」

依止法王如意寶聞思修行的歲月是我這一生最快樂的時光，這樣的時光卻再也不會出現了。教我懂得無常的上師們，現在大多與我無常相隔。我是個凡夫，想不起前世的事，但這一世有幸遇到的每一位上師，他們的恩德，我都銘記在心。

雖然法王如意寶已經圓寂，但是他給予眾生的利益仍然在增長。喇榮五明佛學院所有的人，上到益西措嘉空行母的化身門措上師，下到我這個普通的出家人，都在努力使更多人與法王如意寶結緣。精進修持佛法，盡自己最大的力量利益眾生，是對上師恩德最好的報答。

༤

一九九四年（藏曆木狗年）春，法王如意寶第二次到多康地區弘法。當大恩上師走進我家簡陋的牛毛帳篷，為前來拜見的人們賜福、傳法時，我幸福得直想哭，害怕眼前的這一切是夢……世事如夢，牛毛帳篷變成了一座白塔，在晴朗的日子、在風雪交加的日子、在無常而悠遠的歲月裡，提醒著人們曾有一位聖者在這裡停留。這座白塔也終將在時間的刀劍下化為粉末，隨風飄散，而到那時，我對法王如意寶的思念和感激，眾生對法王如意寶的思念和感激，仍會繼續。

༥

法王如意寶圓寂前曾經說他將以另一種方式與我們在一起。「即使大海離開了波浪，佛菩薩的悲心剎那也不會離開眾生」，法王如意寶的無量悲願絕不會像色身一樣消失，而會時時刻刻加持所有的眾生，他的智慧身一刻也不曾離開我們。

༦

藏曆十一月十五日，法王如意寶的圓寂紀念日，也是阿彌陀佛的節日。每到這一天，世界各地的寺廟、修行中心、信眾們都會以念經、供燈、放生的方式利益眾生，懷念法王如意寶。法王如意寶在阿彌陀佛的節日這天示現圓寂與這位偉大聖者的願力是分不開的，對我們來說，這一天毫無疑問具有特殊的意義。

在阿彌陀佛的節日行持善業，可以和阿彌陀佛結下殊勝因緣，這種因緣能為我們將來的往生遣除很多障礙。在法王如意寶的圓寂日這天祈禱、發願、放生，不但能清淨業障，為往生積累功德，也能以此功德作為對法王如意寶和阿彌陀佛的法供養，與法王如意寶和阿彌陀佛結上殊勝因緣。

不管世事如何變遷，我們這些法王如意寶的弟子，或是對法王如意寶具足信心、將法王如意寶視為上師的佛弟子，都應該認真遵循法王如意寶的教言，精進修行，弘法利生，並發願往生西方極樂世界，這是最能讓法王如意寶歡喜的事。

我希望所有的眾生都能對法王如意寶和阿彌陀佛生起不退的信心，在法王如意寶與阿彌陀佛的加持下，最終往生西方極樂世界。只要對法王如意寶具足信心，戒律清淨，精進聞思修行，在不遠的將來我們一定會與他老人家在極樂世界相見。

法王如意寶與阿彌陀佛無二無別。讓我們一起向大恩上師法王如意寶祈禱，共同發願往生西方極樂世界，發願生生世世跟隨法王如意寶利益眾生。

既是有緣做一家人，就彼此珍惜、尊重，不要試圖用貪愛去束縛對方，由愛生怨、由怨生恨，枉自荒廢珍寶人生。

第三部

六度萬行

—放　生—

眾生平等

眾生平等是佛教最根本的教義。人道、天道、阿修羅道、旁生道、餓鬼道、地獄道，對六道輪迴中所有的眾生懷著平等的慈悲心是學佛的基礎。

ཏ

高低貴賤，只是人類的分別。在究竟的意義上，眾生的本性沒有絲毫差別。

ན

人與人之間平等相待，人對動物卻肆意掠奪、傷害，這不是真正的平等心。所有的生命是平等的，動物和人類一樣愛惜自己的身體和生命。追求快樂，躲避痛苦，這是生命的本能，任何眾生在這一點上是相同的。

བ

最寶貴的是生命，就算以整個南瞻部洲的財富做交換，也沒有人願意失去自己的生命。人道如此，旁生道也如此。冷了找太陽，渴了找水喝，動物對生的希求和對死的恐懼與人類一模一樣，只是不會用人類的語言表達而已。

用手捂住鼻子看自己能堅持多久，這樣死去的痛苦你們能體會到嗎？

有的人一見到動物立即琢磨它是什麼味道，好不好吃，腦子裡絲毫也沒有想到任何一隻動物都是一條活生生的性命，懂得歡喜和悲傷。

這些年我在各地放生，在屠宰場裡親眼見到待宰的牛羊，牠們眼睜睜看著同伴被宰殺時，也能夠預知自己的命運。牠們會流淚，甚至跪下向人祈求，可憐之極。

這些動物從養殖地運送到屠宰地的時候，擠在一起顛簸一路，幾天幾夜沒吃沒喝，有的腿斷了，有的眼睛瞎了，還沒到屠宰場就已經飽受折磨，好像進了地獄。

我的眼前常常浮現這些動物大顆滾落的眼淚和流血的傷口。這些卑微的眾生，所求不過是活著，並沒有威脅傷害到誰，即使運往屠宰場的途中，也不攻擊反抗，只是哭。獲救了，也還是哭。

釋迦牟尼佛在因地時曾經以身飼虎，歷史上也還有許多高僧大德曾將自己的身

傾盡全力去追求的名利對生命來說，其實沒有太大意義。與之相比，內心的平和富足、親情友情、慈善助人等對自己更有幫助，更容易產生幸福感。

體，甚至生命布施給眾生。而現在眾生因為無明，認為動物比人類低下，有的動物會威脅到人類的安全。如果威脅到安全就應該被殺死，那麼人類可以說威脅到了所有動物的安全，這又應該怎麼辦呢？

人間做父母的常常捨不得吃、捨不得穿，好東西都留給孩子。動物也是這樣，小牛小羊沒了，牠們的父母也很痛苦，也會哭。即使是老虎這樣看起來很凶猛的動物，不管自己多餓，找到了食物都會先給孩子。

牛、羊為人勞作了一輩子，到年老體衰幹不動活的時候還要被殺掉，僅僅從道德的角度，也不應該這麼對待牠們。不顧眾生的痛苦，殺死牠們為自己過安樂的日子，這是不對的。

所有的動物和我們一樣有感情，有苦樂的感受。這些可憐的眾生，牠們什麼也不懂，請保護牠們的生命，給牠們一個自由的生活。

護生放生

學習佛法要先依照佛法觀察自己的行為，看自己是否擁有一顆善良的心。善良的人不會一邊說著愛一邊行著傷害，因為他的仁慈之心平等對待一切眾生。

ཀ

法王如意寶只要看見動物受苦或者被殺害，都會難過得流淚，並盡全力去解救。受大恩上師的熏陶和教導，我們這些弟子無論走到哪裡都熱心於放生，將自由、安樂與無畏帶給被解救的眾生，將慈悲、溫暖與信心送給參與放生的人。

ཁ

放生是什麼？放生一是對有情的無畏布施，使他們脫離暫時的死亡恐懼與痛苦；二是對有情的法布施，通過行持佛教的放生儀軌使他們種下了解脫的種子；三是培養佛子的菩提心，讓自他迅速解脫；四是紹續佛法，使更多的有情不斷地與佛法結緣，放生也是善知識長久住世的殊勝緣起。

ག

利益眾生的方式有很多，但沒有其他一種能像放生這樣直接從屠刀下解救即將被推向斷頭臺的如母眾生。

ང

當我們面臨被殺害的危險時，如果有人恰好救了我們的性命，這一定是最讓我們感激不盡的，其他的幫助都比不上救命之恩。人類這樣，其他眾生也是這樣。

ཀ 提到放生，有的人不屑一顧，這是對其他生命的漠視，是目光短淺、自私、缺乏慈悲心的表現。

ཁ 放生是遣除違緣、積累福報的有效方法，不但利益了被解救的眾生，也能增加自己現世的福報，獲得健康長壽的善果，還是下一世往生極樂世界的修行捷徑和最好的法門之一。

ག 眾生歡喜佛歡喜，諸善業中最能令諸佛歡喜的就是解救眾生的生命，讓牠們得到安樂。放生也是一切應化世間的高僧大德長久住世之因。

ང 能長期堅持放生非常好，能做到的話，希望你們一個月至少放生兩次。放生時有出家人帶領念誦儀軌最好，沒有的話，居士們也可以一起放生。

ཅ 完整的放生應該以三殊勝攝持，前行要有皈依發心、正行念誦密咒和佛號等，後行迴向。實在不具備條件，至少也要念誦密咒和佛號。我們所念的佛號和心咒等，一經眾生耳根，就會為他們種下解脫的種子，甚至有些眾生在聽到此聲音後，善根將很快成熟而獲得解脫。

ཆ

有些甘露丸可能會來源不清淨，如果不清楚其來源，就不餵這種甘露丸，按照放生儀軌念誦或用繫解脫加持就可以。接觸到繫解脫的生命很快就能獲得解脫，這也是佛度化眾生的一種方便。續部上說，只有一些有大福德、具特殊緣分的眾生，才會遇到繫解脫這樣的法，不是所有的眾生都有此福德。

ཇ

放生的同時，要努力培養自己的慈悲心和菩提心。如果在放生現場擔心物命等待的時間太長會死亡，可以一邊念誦放生儀軌一邊開始放生。

ཉ

在放生時如果遇到一些違緣，比如賣方短斤少兩，在放生的地方有人跟過來打撈或捕捉，這些時候不要起嗔恨心，更不要出口傷人。與被放生的眾生相比，這些人因為無明而造作惡業，更加可憐，我們應該更多地為他們迴向功德。

ཏ

放生是一切善行中最殊勝的善，要懷著眾生平等的心，真正為了減少眾生的痛苦去放生，不是做給別人看，也不是為自己求福報。

ད

如理如法地放生也是在行持六度。布施，給予眾生無畏施和法布施；持戒，戒殺；忍辱，克服放生中遇到的困難；精進，歡喜踴躍地參加放生；禪定和智慧，以三輪體空進行放生，觀想被解救的眾生，參加放生的人以及放生的過程本質為空，顯現上如夢如幻。再加上放生結束後發心迴向功德，大乘佛教的修持無外乎就是這些內容。

ད

盡自己的力量拯救生命，錢多錢少都沒關係，有錢的人多放，沒錢的根據自己的能力放生，只要發心清淨，功德一樣。

ན

在哪裡放生都是一樣地解救眾生，沒有什麼區別。

བ

幫助眾生不一定需要很多條件，比如幫助眾生脫離危險的境地。一定要這樣做，因為我們自己以後會遇到同樣的情況。

བ

即使動物被放生以後活不了很久，還是放了好，因為我們自己也找不到一個長生不死的地方，重要的是先幫助牠們遠離死亡的怖畏，其他的事再盡量做。

ཁ

解救有情的生命也需要具備因緣。就像日光遍照世界，卻仍然有盲者不得見，佛陀雖然圓滿具足十力四無畏，也只能度化有因緣的眾生。輪迴中的眾生無邊無際，我們即使富如帝釋天，也無法解救所有的生命，盡心盡力了就好。

ག

一味追求數量，棄大捨貴、擇小選賤，因而對某些眾生遠離慈心是不可取的。放生時不要帶著有所選擇和預備買何品種的心去買物命，遇見什麼就買什麼。

ང

手頭寬裕的時候不要浪費，可以多多地放生。把錢過多地用於吃吃喝喝，一頓飯就花幾百塊、幾千塊，甚至上萬塊錢，這實在沒什麼意義，什麼食物到了身體裡都一樣。用這些錢放生，真正地幫助即將失去生命的眾生，這錢花得才有價值。哪怕只用一天的飯錢來放生，都對現世培養自己的慈悲心、菩提心，將來往生有很大的幫助，一分錢也不會白花。

ཅ

不僅要放生，也要重視動物的生存環境，護生同樣重要，這也是放生活動的善後事情。

ཆ

牛奶、酥油這些畜牧業產品是牧民重要的生活來源，藏地很多牧民把牛羊賣掉

由於珍惜和感激，我們做任何事情都自然而然心懷恭敬。

後，失去了生活的依靠，過得非常貧困，後悔莫及。我們把從屠宰場買下的牛、羊交給貧困的牧民飼養，他們也都發願一定好好地照料，這樣不但解救了這些動物的性命，也能給貧困人口提供生活來源。

༡

夏天晚上開車注意控制車速，很多飛蟲會撲向車燈，車速太快的話牠們就算要躲也來不及。

༢

家長要注意培養孩子的愛心，先讓他們懂得愛護小動物，慢慢懂得愛護一切生命。從小不尊重生命，長大後也不會有慈悲心，情況惡劣的，別說對動物，對同類也沒有同情心。現在很多電子遊戲裡都是打打殺殺，小孩子經常玩這一類的遊戲，會養成把殺戮當兒戲的習氣。

༣

因果不虛，如果我們的護生、放生行為能使周圍的人相續中得到一些改變，對佛法生起即使一丁點的信心，甚至在一生中只放生一條生命，他們的今生來世都一定會得到利益。在行持放生等善業後，一定要為所有的眾生迴向功德。

普賢放生組

多年以來我一直有一個心願，希望大家平時無論工作多忙，都能在每個月當中抽出至少一天的時間放生並長期堅持，這樣大家可以在培養慈悲心和菩提心的同時，拯救很多眾生的生命，也是對佛菩薩最好的供養。

༢

二〇一一年五月，我和一些弟子去地藏菩薩的道場九華山朝拜。在這次朝拜中，發起成立了普賢放生組。當時只有北京、上海、青島三個組，接下來的半年內，陸續增加到五六十個，都是各地的居士們自發成立的。

༣

成立普賢放生組，我唯一的心願就是希望能夠解救更多眾生的生命，參加放生的佛弟子們積累福報資糧、清淨業障，實現自利利他。

༤

凡夫人行持善法功德，可能會由於嗔心等原因造成功德滅失，但在普賢放生組中有很多成就者參加放生，跟著他們一起行持善業，功德永遠不會滅失。

༥

放生組的負責人行為一定要如理如法，放生款要全部用於解救眾生的性命，別說是用於安排放生所需的交通、租車費用，連供養三寶、修佛像、建經堂都不能挪用，取捨因果一定要非常謹慎細微。

ཤ

在普賢放生組裡所有的弟子都完全平等，沒有什麼大弟子、小弟子之分。放生組負責人的責任就是組織、安排放生，絕對不能把世間八法的習氣帶到放生組，也不能以普賢放生組的名義化緣、動員信眾捐款。個別人也許是出於好意，覺得這是號召大家行善，但很多人會因為這個緣起，產生懷疑，想學佛的人可能因此就不再學佛，這是非常嚴重的後果。

ས

我曾在法王如意寶面前發願，這輩子不化緣。如果在普賢放生組裡有化緣和要求大家捐款的行為，全都是假借我和普賢放生組的名義，肯定與我沒有任何關係。

ཧ

在這個時代，化緣可能很容易讓世人對佛法產生誤解。一九九四年，我在法王如意寶面前發願：為了不給佛法造成負面影響，今生無論怎樣困難，就算餓死也不化緣。

ཨ

在釋迦牟尼佛的時代，僧團戒律嚴格，出家人都過著非常簡單的生活。穿的只允許三衣，吃的只允許每日乞討，日中一食，連釋迦牟尼佛自己都每天化緣乞食。佛陀這樣規定一是為了節約出家人的時間，以便更好地修行，二是出家人在化緣途中可以與眾生結緣，為眾生講經說法。而且，為了斷除修行人的執著，避免生起貪心，佛陀還規定出家人不得存儲食物，更不能留存其他財物。

ༀ

以前藏族人看到穿著僧衣的人來，都會高高興興把家裡最好的東西拿出來供養。後來化緣的越來越多，供養漸漸少了，再往後，大家索性避而不見。漢地的情形也差不多，一方面可能是人們對三寶的信心沒那麼強，另一方面，化緣太多，確實會傷害佛法。

ༀ

我對財物沒什麼執著，不是因為修行有多好，從小的天性吧，就算挨餓也沒化過緣。小時候我差不多是最貧窮的學生，不少道友都勸我去化緣，甚至有老喇嘛把馬都給我借來了，但我一次也沒去過。我的生活貧困也好，寬裕也罷，都沒什麼關係，只是希望不要給佛法帶來任何一點損害。

ༀ

當年札熙寺遷址重建時，建築施工因為資金短缺時常中斷，即使這樣，我也從來沒有開許為修廟化緣。老一輩的上師把寺廟託付給我，幾代僧眾的心願眼看就可以實現，我心裡比誰都迫切地期盼能早日恢復札熙寺。但是，寺廟存在的意義是護持佛法、引導眾生，在如今這樣的年代，即使為了修廟化緣也有可能引起猜疑甚至誹謗，這對佛法、對眾生都不利。

化緣和弟子以清淨的發心供養上師三寶是兩回事，不要混為一談。

有多大能力辦多少事，不要勉強，也不要操之過急。

在普賢放生組內所有與放生無關的事，都不代表普賢放生組，如果大家看到、聽到、收到與放生無關的信息，要知道這一定不是普賢放生組的告知，應仔細觀察甄別。

每個放生組內部和放生組之間，普賢放生組與其他學佛、放生的信眾之間，一定要團結和合。道友之間不團結，真的沒什麼意義。

從成立到將來，普賢放生組拯救生命的數量會是幾十億到上千億，甚至更多，所有參加的人都可以獲得這樣的功德。

大家學佛的時間可能不一樣，但皈依三寶時所發的慈悲心與菩提心不應該有區別。佛弟子在任何時候都不能欺騙佛菩薩，盡自己的能力放生，這也是履行我們在三寶面前許下的諾言。

—公益—

慈善

什麼是發菩提心？就是發願自己要成為一切眾生安樂的源泉。

「佛法在世間，不離世間覺」，學佛要腳踏實地，淨化自己的身、口、意，諸惡莫作，眾善奉行，不要總想裝神弄鬼、上天入地；而且學佛不能雙腿一盤只顧自己舒服，還要心懷眾生的疾苦，切實為眾生服務，上求下化，自利利他。

持久的快樂源於內心的平和，不在於名利的積累。真正能讓我們遠離匱乏、孤獨之苦的，不是金錢地位，而是懂得關愛、分享和寬容的心，這才是人生最寶貴的財富。

不懂得關愛分擔，金錢地位只會強化內心的傲慢冷漠，不但談不上幫助他人，反而增加別人的負擔，因為財富越多意味著占有更多的資源和社會勞動成果，並有能力消耗更多能源。有條件的話多幫助別人，造福眾生，富貴才有意義。

當身處逆境時，不妨有意識地訓練自己以更加現實的態度去面對生活的考驗，看看從逆境中能得到什麼有益的東西。

心有悲憫，即使一貧如洗也能助人、救命。我們可以貧窮、平凡、「不成功」，不必為此感到窘迫。只要真誠善良，堅持以自己謙卑的方式利益眾生，內心就會安樂。

錦上添花的事不做也罷，但給貧困中需要幫助的人一點善意友好的表示，或許只是舉手之勞卻能給對方帶來很大的快樂和溫暖。

我小時候家裡也很窮，在熙日森佛學院學習的時候，靠給道友們打水、劈柴維持生活。看到這個孤兒學校的孩子，我希望他們都能有一個好的未來，所以懇求在這裡發心的人員繼續留下來照顧這些孩子，這不會耽誤你們的修行，反而對你們世間和出世間都有很大的利益。事實上，如果你沒有生起菩提心，即使到山洞裡閉關，也沒有在這裡幫助這些孤兒的功德大。

希望人們安居樂業，免受衣食匱乏之苦；享受平等、關愛，免受歧視、孤獨之苦，這種愛心很好，但同時要知道，衣食資具會用盡，內心的感受會變化，很難面面俱到，保證長久的幸福。要盡量教人們取捨因果的道理，因為要實現長遠的幸福安樂，只能依靠自身內心和行為的改變。

醫生是很好的職業，能夠幫助他人祛除病苦。如果一位醫生不但醫術高明，而且是佛教徒，那麼他不僅可以治療患者身體的疾病，還可以治療他們心裡的病苦。

做醫生的一定要有慈悲心、平等心，無論患者年老年少、貧窮富貴，都要一視同仁，用心治療、盡心呵護。為人祛除病苦，特別是照顧危重的病人，功德很大，可以積累非常大的福報。釋迦牟尼佛住世時，也曾經示現親自照顧病人。

佛菩薩會以各種形象救度眾生，醫生、醫藥都可能是佛菩薩的化現，治療過程也是佛菩薩的加持。

環境保護

愛護自己賴以生存的自然和社會環境，過簡單樸素的生活，少占用資源和社會勞動成果，真誠柔和地待人處世，對他人對社區常懷一份責任感，這些都是報國土恩。

倡導佛教的世界觀，維持物種的生態平衡，保護環境，淨化器、情、續，使娑婆世界顯現為清淨佛國，是佛教徒的責任。

青藏高原的生態環境非常脆弱，生活在高原上的動物對於維護高原的生態平衡起很大的作用。以前藏地有很多鹿、羚羊等野生動物，現在減少了很多，這已經引起了廣泛的關注，也開始了保護工作。如果繼續破壞生態的話，將來再怎樣後悔可能也無法補救，所以希望大家不要傷害高原上的動物。

災難

地震、海嘯、戰亂、乾旱……聽到這些，你的心是不是很痛？頻頻發生的災難，使我們更清醒地認識到生命的無常和憂患，也更深刻地領悟到出離心和慈悲心的含義。

要盡己所能地幫助受災的眾生。佛弟子可以為在災難中喪生和正在遭受傷痛的眾生修持善法，放生、供燈、念誦心咒……願憑藉善法的功德和三寶的加持，逝者往生，生者早日脫離苦難，最終也能往生極樂世界。

༤

大慈大悲的觀世音菩薩是十方諸佛無量悲心的化現，在遇到災難時堅守對三寶的信心，至誠念誦觀音菩薩心咒，持誦觀音菩薩聖號，觀音菩薩一定會聞聲救度，這是觀音菩薩往昔發下的殊勝大願。

༥

外在的災難都是由於人心的貪婪和仇恨而引發。減少災難，實現世界和平，關鍵要淨化人心。

༦

人類在過去的一個世紀，科技的進步可以用突飛猛進來形容，大到對宇宙空間的探索，小到對生物基因的研究都有里程碑式的發現，科技在通訊、交通、醫藥等等方面的應用無疑為人們提供了更多的便捷和舒適，但是，科技如果應用不當，也可能為人類帶來更大的災難，就好比一把鋒利的刀，可以用來切菜，做出美食佳肴，可是在貪婪和仇恨的驅使下，它也可以成為行凶殺人的武器。

༧

在古代，人類的戰爭以長槍短矛為武器，死傷僅僅限於戰場上的士兵，而正是因為高新技術進入軍事領域，現代戰爭的殺傷力、破壞性也無比地增強擴大，對人類社會和環境有巨大的傷害，所以，各國政府、國際組織應當更加堅持以和平談判的方式解決衝突，避免戰爭對人類整體和地球造成損害。

—僧團—

和合僧團

佛法的弘揚不僅需要寺廟、道場，更需要系統聞思、通達三藏、持戒精嚴的僧才。一座寺廟，金頂再多、經堂再華麗，如果沒有佛法的聞思修行，沒有戒律清淨的僧團，就不是弘法利生的莊嚴道場。

看著出家人坐在地上，自己坐在法座上，我有點害怕，感覺自己在造業障。給在家人講課傳法，我覺得以自己出家人的身份和法王如意寶的傳承，還可以。儘管在家人裡也有菩薩，但我這樣的凡夫看不出來。可是給這麼多的僧眾傳法，我確實誠惶誠恐，覺得會有業障，損福報。所以今天不是講法，就算我們道友一起聊聊天吧。

出家人除了弘揚佛法、利益眾生外，沒有別的事。弘揚佛法也是利益眾生，我們有責任教化信眾棄惡從善，盡自己的能力讓更多人知道為什麼修法，怎麼修法。

༢

出家人在信眾的眼裡代表著正法，出家人行為不如法會對佛法造成很大的負面影響。作為出家人，我們要比一般在家人更嚴格地要求自己。

༣

度化眾生戒律清淨很重要。除非是大成就者，顯現上不清淨也不會有影響，否則一定要保持清淨戒律。戒律不清淨，不要坐上師的位置。

༤

出家人應該發願不再吃肉，否則沒辦法教化在家人，一定要做到這點。

༥

我去過漢地很多寺廟，那裡的出家人全都吃素，很多居士也發願終生素食，我發自內心地讚歎隨喜他們的功德。這裡雖然是牧區，而且離縣城很遠，但我還是希望大家以後能吃素。我知道由於自然條件和生活習慣，在這裡不吃肉有些困難，但也不是絕對做不到，糌粑、酥油足夠我們生活。

༦

出家人最重要的就是聞思修行，既然已經出家了，就應該放下一切好好修行，將來利益眾生。衣食這些生活物資夠用就可以，這也是法王如意寶的教言。

這個佛學院的出家人不是很多，人多人少都沒關係。法王如意寶只憑自己就創建了喇榮五明佛學院，以後你們當中可能也有人靠一己之力就讓一個地方的眾生獲得利益。

དྷ

一個寺廟開法會，另一個寺廟的出家人也可以去參加，這樣出家人之間能增進團結，居士們看到也會增上對三寶的信心，可以更好地弘法利生。

ན

寺廟之間一定要團結，這是上師們的責任。上師之間互相尊重、團結和合，寺廟裡其他的出家人和周圍的信眾也會和睦，上師之間不和睦將導致信眾有分別念，相互誹謗，這給他們種下誹謗出家人的種子。如果對出家人起嗔恨心，很多人一定會下地獄。

པ

寺廟之間團結和合，信眾的身語意專注於修行，就是法供養。

ཕ

法王如意寶也說過要互相尊重、互相幫助，不要互相說壞話，這會傷害釋迦牟尼佛的教法。我真心地祈請寺廟之間團結和合。

བ

教派之間不要誹謗，否則害人害己，自己下地獄，對方也會下地獄。上師如果有這樣的分別念，等於把所有的弟子都扔到地獄裡去了。

ཛྲ

活佛轉世是為了利益眾生。活佛們如果不利益眾生弘揚佛法的話，來這個娑婆世界還有什麼意義，在鄔金剎土好好待著就行了。

མ

現在是佛法衰微的年代，越是這樣的年代，弘揚佛法越是關鍵啊！

ཡ

有人覺得自己沒什麼能力，能力再小，起碼可以度化自己的家人，這也是弘法利生。你們出去玩的時候帶不帶家人無所謂，但參加法會、聽法時一定帶上他們。

活佛

聽到有人稱呼我活佛、仁波切，甚至法王時，我很痛心。以前在藏地，只有真正能夠利益無量眾生的才有資格被稱為法王、活佛，絕不是一個普通生命的轉世就能被稱為法王、活佛。聽到有人隨隨便便就使用法王、活佛的稱號，我感到藏地以前非常非常好的傳統被破壞了。

ར

剛接觸漢族居士的時候，很多人說我是黃財神的化身。我聽了很驚訝，從來沒有哪位大成就者認證我是黃財神化身，再說我從小到大都窮得很，七八歲之前沒穿過像樣的衣服，後來離家求學也經常要靠上師、道友接濟，像我這樣怎麼會是財神的化身？我百思不得其解，後來想到，也許因為我在喇榮五明佛學院協助法王如意寶管理財務，居士們便「封」我做了黃財神。

ལ

傳統上，西藏認證活佛、化身等有嚴格的程序，對認定人的資格要求也很苛刻，不是隨便什麼人簡簡單單就能認定的。

ཤ

活佛轉世是為了更好地利益、引導眾生趨向解脫。西藏認證活佛的傳統是為了保證已經證悟的修行者的智慧心能夠生生世世地傳遞下去，並且可以在繼承前世的聲名和事業的基礎上，更加順利地開展這一世的弘法利生事業。

ས

一些人聽說我是「活佛」，就對我很熱情，還問我會不會飛。我想就算我會飛，你們也不要因為這個而向我頂禮、跪拜，會飛的不止我一個，扎西持林上空很多鳥也都會飛。

ཁ

你們願意親近「活佛」我不反對，然而與其抬頭仰望「會飛的活佛」，不如低頭謙遜、誠實地修行。學佛是學習佛陀的智慧，不要迷信神通而不信智慧。

ག

法王如意寶起初只被稱為「色達堪布」，後來藏地公認的高僧大德和第十世班禪大師在給法王如意寶寫信時稱法王為「聖者法王」，法王如意寶認為這些高僧大德這樣稱呼他可能有甚深的密意，才接受了這樣的稱號。

ང

我不是仁波切，不是法王，不是活佛，除了法王如意寶授予我堪布學位外，其他頭銜我都沒有。我只是喇榮五明佛學院一個授課堪布，一個普通的出家人，比較「真」的出家人，沒有大家所說的那些功德，我的心願就是讓你們得到很多利益。

扎西持林

扎西持林是一個聖地，它所在的山是馬頭金剛神山，對面是馬哈嘎拉神山。一千多年前，格薩爾王的叔叔、馬頭金剛的化身超統大王和格薩爾王的多位大將軍曾經在這裡居住。近年，法王如意寶、門措上師和阿秋喇嘛等大成就者都對扎西持林進行過殊勝的加持。

我從來沒考慮過扎西持林將來會有多少出家人、有多大的名氣，我只是真心希望這是一個修行佛法的清淨之地。

來扎西持林的居士都親眼目睹這裡的出家人非常清淨，這是達森堪布、聰達喇嘛和丹增尼瑪喇嘛的恩德。他們對這些年輕僧人傾注了很多心血，如果來參訪的居士世間習氣很重的話，會影響他們。

曾經有人建議讓扎西持林的出家人學學電腦，我和達森堪布他們商量，決定暫時不需要。修行人將來能利益眾生就可以，其他的不重要。

如果戒律清淨，哪怕只有十個出家人，這個僧團也有存在的意義；如果戒律不清淨，即使有一百個人，也沒必要留。除非能證明自己是大成就者，否則我不會開許任何戒律不清淨的人留在扎西持林，這是為了護持佛法的清淨傳承。

每次回到扎西持林，看到這裡井然有序且不斷發展，我都由衷地感激幫助我料理各項事務的聰達、丹增尼瑪和達森。沒有他們，扎西持林不會是今天的模樣。

ཅ

我相信我身邊的很多喇嘛、居士、弟子都是佛菩薩的化身，他們慈悲地示現人間，幫助我完成修行，實現心願。

ཆ

這些年我走了很多地方，外面的事情看得越多，越想為家鄉盡心做點事。考慮到玉隆一帶很多老年人已經無法去佛學院常住，所以我在扎西持林山腳下修建了一所養老院，為附近的老年人提供安心修行的地方。

ཇ

我也是窮人家的孩子，很願意為貧困人家提供幫助。生活困難、無兒無女的老人，（扎西持林）養老院會為你們提供住房和滿足生活所需，但你們一定要好好修行。活著的時候自己修行與死後為你們念經超度相比，自己修對自己的幫助最大。

ཉ

居士們千里迢迢來到扎西持林，一是為了求法，二是為了修法。如果像旅遊一樣只是看看風景，來這沒意義，對解脫輪迴起不到作用。一定要珍惜在扎西持林的時間，認真修行，在聖地修行一天的功德遠遠超過在一個普通地方修行很長時間。

ཏ

扎西持林有很多極具加持的三寶所依，來了這裡可以多多地轉經、磕頭，或者

安樂主要是內心的感受，它在心裡，不在身外，所以內心如果不快樂、不滿足，外境再美妙再豐富，也很難感到愉悅、富足。

好好地聞思。

ཐ

這尊幾米高的見解脫四臂觀音佛像，和其他一些石刻的文武百尊和佛像，一共一百五十多尊，是一起抵達扎西持林的，當時出現了很多瑞相。

ད

扎西持林的金剛薩埵轉經筒，中間最大的裡面裝藏了一億遍百字明，四周小的轉經筒裡一共有三十二億金剛薩埵心咒，你們努力轉經的話，對於清淨業障有著不可思議的加持。

ན

藏曆每月的初一、初八、初十、十五、十八、二十一、二十五和三十日這些佛菩薩的節日中，在扎西持林的信眾都要守持八關齋戒，能在殊勝的日子、殊勝的地點受持八關齋戒，是往昔守持清淨戒律的善果。

པ

你們觀察一下自己，平時不得不忙於俗事，真正能在聖地修行的時間在一生中有多少？很多人在忙忙碌碌、昏昏沉沉中度過一年又一年，現在雖然信佛了，但一年當中恐怕只有這麼幾天能夠認真地修行正法，所以千萬不要浪費時間。

ཕ

平時在世間，所說所想幾乎都是世間的事，來到了扎西持林，就不要再談論世間的瑣事。

ཁ

二〇〇七年藏曆二月初三的凌晨，我做了一個很吉祥的夢。法王如意寶、阿里美珠上師和門措上師一起來到扎西持林。看到這裡的講修事業日益增上，三位上師顯得十分歡喜。「這是一個修行的清淨地，非常好。如果在馬頭金剛神山閉關房北面的山上埋藏一個寶瓶，將來會更加殊勝。」他們一面說，一面指出埋藏寶瓶的具體地點，並且說：「安放寶瓶後，這座山就叫扎西雍宮（意思是吉祥福榮崗）。」

ག

喇榮五明佛學院的僧眾在每年的藏曆六月二十六日上山供養護法神，這是自第一世頓珠法王到法王如意寶一直傳承下來的。扎西持林的僧眾在二〇〇七年藏曆六月二十六日來到扎西雍宮，緣起很好，以後扎西持林的僧眾也都在每年的這一天上山頂供養護法。

ང

二〇一一年，扎西持林蓮師壇城的修建工地上挖出一尊古老的彌勒佛像，這是非常好的緣起。山下很多村民之前都看到壇城的位置時常出現光，有時還在晚上出現，這應該與這尊佛像有關。我想以此緣起，在未來彌勒佛於南瞻部洲示現成佛時，扎西持林依然還會是佛教興盛之地。

ས

扎西持林道場不斷發展，每一處新殿堂的建成卻不能請大恩上師親臨開光加持，這一直是我心裡深深的遺憾。二〇一一年藏曆六月三十日，釋迦牟尼佛轉法輪月中的釋迦佛節日，我在清晨夢見法王如意寶在眾多眷屬的簇擁圍繞下，蒞臨扎西持林，為仍在建設中的蓮師壇城開光。上師顯得非常歡喜！我所做的這一切能得到上師的讚許，令他老人家歡喜，我是多麼地開心啊！

ཧ

我的大恩上師，在弘法利生的道路上，我需要您的指引和鼓勵。上師，我深深地感激您，扎西持林今天的一切都是您賜予的殊勝加持。請您永遠不要捨棄我，加持我堅定地為弘揚佛法、利益眾生傾盡全力，我的如意寶，我的上師！

附錄

一一新年寄語一

二〇〇六年

連綿的雀兒山雪峰是我送你的哈達，玉隆拉措的聖水是我給你的甘露，色達佛學院和札熙寺佛學院的僧眾是我給你修行的助道友，扎西持林閉關中心是我給你修行的地方，德格草原上的鮮花是我給你的祝福，祝弟子新年快樂！扎西德勒！

二〇〇八年

文殊菩薩讓你打開智慧寶藏，觀音菩薩讓你悲心增上，金剛手菩薩讓你充滿力量，臧巴拉為你送上福報資糧。祝弟子新的一年修行精進，早證菩提！

二〇〇八年（對世界和平、眾生平安的祈願）

十二生肖吉祥獸，吐寶鼠兒第一員，如意寶珠次第授，先在新年第一天，諸位弟子心安定，且聽為師說心願。

年前為師到樂山，面見佛陀發誓願：一願永遠不離師，生生世世不退轉；二願往生極樂界，阿彌陀處見法顏；三願不傷眾生心，生生世世守此願，無論轉世於何處，不使眾生心惱損。三願發完心滿足，慈孝於佛三誓願，吾諸弟子心同此，西方淨土得相見。

樂山福地巍峨處，此處放生添福緣，「強巴」亦是慈悲意，彌勒道場現莊嚴，祈願彌勒多加被，所放諸生得平安。法王曾經做開示，放生功德殊勝行，末法時代諸善事，諸佛唯一歡喜因。

為師樂山放生罷，受邀又至峨嵋山，一入山中心清靜，普賢面前發誓願：一願永不離上師，生生世世遵師言；二願往生極樂界，吾師法王在此間；三願不傷眾生心，法王遺言記心間，無論轉生於何處，不擾眾生身心亂。此乃為師之誓言，日日發願不間斷，眾人莫嫌文字簡，三世諸佛心滴言。

愚人不識如意寶，諸佛現前生信難。密法之門重師道，莫害眾生吾師言，放生乃是最簡法，實為眾生祈平安，六道輪迴人害人，若求解脫「殺」先斷。

正月初一新年始，持明法會最當先，十三年前法王授，如今年年不間斷，為求眾生得安樂，持明始於九五年，吾師開示教諸眾，十萬持明俱在前，「爾等莫傷眾生命，亦莫擾亂眾生心，莫說擾亂眾生語，莫做擾亂眾生行」，真言一出感天地，十方菩薩降天瀾，舍利紛紛如雨下，大如雞蛋小如米，遙想當年五明山，深視袍袖展笑顏，三百聖者十萬眾，低頭只把舍利撿。

法王歡喜賜法益，灌頂「觀音九本尊」，並教十萬佛子眾，誦念自在祈禱文，殊勝法門延慧命，普惠藏地各寺院，如今喇榮持明會，皆修「自在」與「觀音」，吾諸弟子應同修，功德巍如須彌山。

常言密法重師道，此乃學佛之命門，諸多古德成就者，僅靠祈禱自上師，成就無上菩提根，捨此無有成就法，捨此不能得悉地，苦不堪言密咒士，若捨上師毀重

——顆寧靜柔和的心，在貧乏艱難的環境中，
也能生出喜悅、自在。

誓，修行百年空歡喜。

吾今於此新年始，教吾弟子祕密言，願吾弟子同發願，與吾同往極樂國：第一大願不離師，生生世世不毀犯，虛空盡毀天崩裂，吾與吾師不離分；第二大願往極樂，不違上師之心願，安樂依止上師邊，成就無上菩提心；第三大願遵師言，不要傷害眾生心，任由他人損惱我，吾亦不傷他善根。

是吾弟子發此願，吾心歡喜不待言，即便初一月光淺，十五便迎皓魄圓，願吾弟子得平安，釋迦之門迎新誕，更祈天下得太平，迎來世界和平年。

二〇〇九年（藏曆土鼠年歲末，扎西持林）

我常在傍晚時分，順山間小徑轉繞。時有虔誠的牧民等在路邊獻上燦爛笑容和問候，又聽見不知何處有轉山者在歡快地歌唱。寧靜山嶺上，圓圓的太陽，白白的月亮，升起落下，日復一日。歲月靜好，天地空闊。願遠方弟子皆同此安樂！

雪山空谷　暮更沉寂　猶聞轉山者歌聲
朗朗月色　寂靜瑪尼　愈思前賢過往事
普願眾生　同我心願　能於諸法善思維
希求作為　可憐自縛　生死牢獄無出期
傷人至深　莫若言語　護口如捧滾油行
苦惱生涯　五毒刀箭　以智悲心化花雨

勿擾眾生　道心永固　聖者教言　莫違亦莫忘
拳拳我心　願眾歡喜　千里遙寄　吉祥祝福音

希阿榮博
於農曆戊子火鼠年除夕

二〇一一年

我們心懷虔誠，合掌匆匆又一年。新的一年裡，願我們因為自己的疾病，而悲憫於眾生的疾病；因為自己的苦楚，而悲憫於眾生的苦楚。願我們少生憂惱，常起精進，積植德行，饒益眾生。願一切眾生笑顏常在，平安快樂！

二〇一二年

團圓歡慶的時刻，把眾生的安樂和疾苦放在心上。願所有眾生遠離孤獨、恐懼、傷痛！嗡嘛呢叭咪吽舍！

我們是一群搭載時間之車的乘客，疾駛在生命的單行線上。無法減速，不能回頭。新的一年，改往修來，洗心易行。好好學佛，好好做人。南無本師釋迦牟尼佛！

二一 給聽達喇嘛的一封信

讓我們用一生的時間，
精進聞思佛陀與上師的教言。
讓我們用一生的時間，
努力修行，戒定慧增上圓滿。
因為有了佛法智慧的光芒，
我們就會像草原上的駿馬，
無論在哪裡也不會迷失方向。
曾經的誓言你我都不會忘記：
為了佛法的弘揚，
生生世世，我們永遠在一起。

聽達喇嘛與希阿榮博堪布年少時同在德格札熙寺學習，這封信是堪布仁波切在三十多年前用鉛筆寫在一張紙條上留給聽達的。沒過多久堪布仁波切便離開札熙寺，前往熙日森佛學院學習，隨後又去了喇榮五明佛學院。

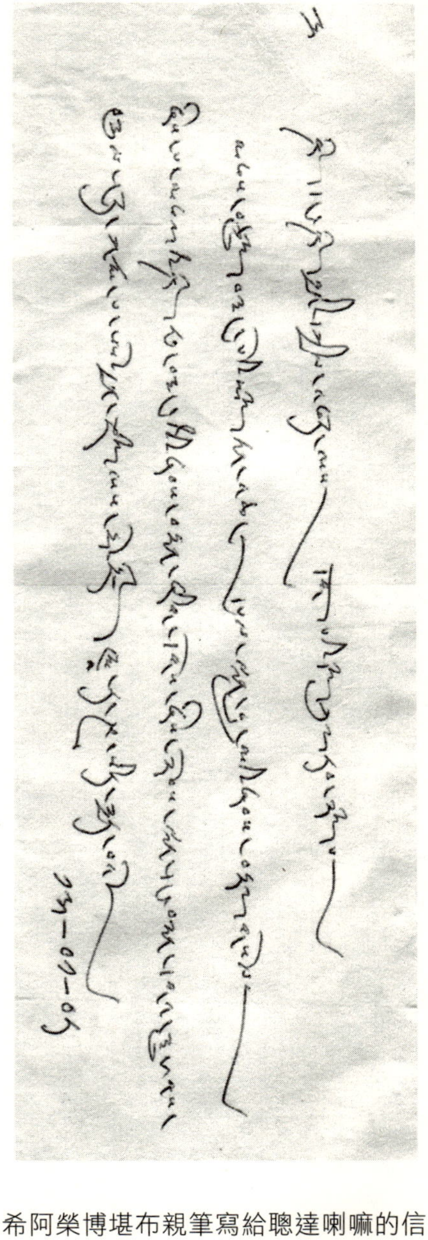

希阿榮博堪布親筆寫給聽達喇嘛的信

在堪布到達喇榮後不久，聰達喇嘛也來到喇榮求學，後來他發心做堪布仁波切的侍者，追隨上師左右。

一九九四年，希阿榮博堪布開始在自己的家鄉德格玉隆闊地區修建扎西持林道場，聰達喇嘛隨之回到扎西持林，和丹增尼瑪喇嘛、達森堪布一起負責起扎西持林的建設和日常管理。

三十多年來，聰達喇嘛一直將這張紙條夾在每天念誦的經書裡，攜帶在身邊。

「當時我並不知道師父為什麼留給我這樣一張紙條」，聰達回憶道，「最近幾年，我時常看看師父寫的這些話，越來越覺得這就是師父在當年對我的授記！」

三　—問與答—

頂禮文殊師利菩薩摩訶薩！
頂禮大恩根本上師法王如意寶！

問：我們究竟是從佛那裡找尋到內心的力量，還是在尋求庇佑，訴求各自的欲望？

答：佛門有教無類，有求必應。眾生根器不同，所以佛陀相應地開示不同法門，善巧方便地引導眾生走向解脫。眾生的願望訴求各不相同，但都可以在佛法中找到適合自己的方法。

佛陀教法可分為三乘：人天乘，引導眾生斷惡行善，由此得以在人間天界享受安樂；聲緣乘（小乘），引導眾生發出離心，斷除煩惱，解脫輪迴；菩薩乘（大乘），引導眾生發菩提心，上求正等正覺，下度一切有情。

大乘以小乘為基礎，小乘以人天乘為基礎。由於人天乘不包括解脫輪迴的教法，所以人天乘只能使眾生得到暫時的安樂，而不能徹底擺脫煩惱，結束輪迴痛苦。小乘極果為聲緣羅漢，他們雖然盡除煩惱障，個體得以解脫輪迴，但因為所知障沒有完全清除，習氣仍在，對法界本性的認識沒有達到圓滿，所以還不能算完全意義上

人之為人的價值和意義，遠比創造財富寬廣、深刻。
人活著，除了積累和占有外，還有很多事值得去做。

的涅槃。只有大乘能引導眾生獲得圓滿覺悟，實現真正的自由安樂。佛陀在《妙法蓮華經》裡講到小乘羅漢最終將出定修學大乘，如江河彙入海洋。聲緣乘、菩薩乘都將究竟成佛，所以佛法在究竟上只有一乘，即佛乘。

不論你現在是求人天福報還是求個人解脫，在暫時的目標、心願達成之後，你的學佛之旅不會就此停止，你的心行會轉變，或漫長，或相對短暫，但最終都將歸入成佛的大願大行。從修持上來說，你會從關注外在，慢慢轉向關注內心。修行的層次越高，就越關注心。

問：佛講放下執著，佛也講發大願，請問堪布兩者之間是否存在矛盾？

答：佛教說的「執著」是指執幻為實，具體又分為人我執和法我執。「我」是指實有自性。把色、受、想、行、識這五蘊幻妄身認作自己的身心，妄執為我，名人我執。把一切事物、現象、觀念、習氣認作實有，名法我執。法我執有廣義、狹義之分，廣義的「法」包括有情、外境、無邊、二邊、非二邊，即把人我包括在內，而狹義的法我不包括人我。人我執產生煩惱障，障礙眾生證得暫時解脫，細分不可計數，歸納起來為貪、嗔、痴三毒。狹義的法我執產生所知障，障礙眾生證得佛的一切智智，歸納起來為二取、三輪執著和習氣。

佛教所說的發大願，主要指發菩提心，發願為了一切眾生離苦得樂、究竟解脫而證取無上正等覺。圓滿覺悟須斷除一切執著、習氣。認為自己有所證得，是一種極微細的執著。修行者首先要斷除的是粗大的執著，現量見到空性後，由一地到十地，微細的執著習氣層層清淨，十地最末斷盡最微細的習氣，此時入妙覺證得佛果。

通常情況下，斷除執著是一個漸進漫長的過程，不能一開始就說「為救度眾生立誓成佛」是一種執著，所以要放下。像有智有得的微細執著，是證悟之後才談得上斷與不斷的。初學者面前，有多得數不清的、遠比這粗大的煩惱執著需要去斷除。不踏踏實實清淨自己當前境界中的煩惱執著，卻擔心更高境界中的微細執著，就像低年級的學生不好好完成自己的功課，卻操心高年級的功課一樣。

佛教說發大願，是為救度眾生立誓成佛；而斷除一切執著，方能證佛果。不努力去放下執著，所謂「發大願」難免流於空談。

有一點需要注意的是，隨著時代的變遷，詞彙的含義會發生改變。比如現在人們日常生活的語境中，「執著」有時候是指堅持不懈、決心堅定地去做一件事，這並不是佛教所說的「執著」。在佛教中，以歡喜心堅持不懈地行持善法，稱為「精進」。

問：為什麼要消除痛苦呢？我覺得痛苦和快樂一樣，都是生活的組成部分，都值得去體驗，不經歷苦難的人生是不夠豐厚的。

答：如果你能在日常生活的不幸和痛苦中自在無礙，似乎的確沒有必要消除痛苦。

經歷苦難的意義不在於經歷本身，而在於它啟發我們對生命的思考。佛陀初轉法輪首先宣講苦諦、集諦，正是引導我們去觀察生命的苦難、缺憾，了解其表現和成因，從而生起信心和勇氣去實踐對生命更廣、更深層面的探索，實現生命的昇華。

問：如何才能往生極樂淨土呢？念佛做得到嗎？

答：有關往生極樂淨土的方法，在《大乘無量壽經》等經典中有詳細闡述。簡而言之，往生極樂世界需要具備往生四因並斷除五無間罪和謗法罪。在往生四因中，明觀福田、發清淨願尤為重要，它們涵蓋了積資淨障和發菩提心。念佛的同時要有堅定的信心和真誠的發願，這很關鍵。

問：所謂諸法空相，那極樂世界這些花語妙香、金沙寶樹又有什麼可嚮往的呢？

答：眾生的根器、因緣不同，所以佛陀因材施教，傳授八萬四千法門，使不同特質、偏好的眾生都能有適合自己的解脫之法。有的眾生更容易對講解空性的法門生起歡喜信心，佛陀便教他們「諸法空相」的道理，從「空」悟入實相；有的眾生更容易對淨土法門生起歡喜信心，佛陀便教他們念佛求生淨土。「空」也好，「淨土」也好，都是方便、手段，都是指月的那根手指，你若能順著手指所指的方向看到月亮，就好了，何必糾結這手指是胖是瘦。

其次，空性不是指斷滅，不是要守著一個「空洞洞」。《金剛經》云：「以無我無人無眾生無壽者修一切善法，即得阿耨多羅三藐三菩提。」你看，佛陀並沒有教我們學了一個「空」就抱著這個「空」的概念不放，什麼也不做，什麼也看不上。「色即是空」，極樂世界是空性的，嚮往淨土之心也是空性的，而「空即是色」，空性不壞顯現，空性與極樂世界、求生淨土絲毫也不矛盾。

只有圓滿無上正等覺的佛陀，才真正跳出了因果的牢籠，自由自在。佛陀雖然不作意世俗因果，但在眾生面前又自然不逾越世俗因果的規律。而我們這樣的凡夫，完全受因果的支配，更應該謹慎取捨因果，尊重因果的規律。對阿彌陀佛有信心，發願往生淨土，因緣具足就能往生阿彌陀佛的淨土。一般人僅僅聽聞空性的道理，沒有實際的修證，煩惱不會自動清除。如果對佛沒有信心，也不發願往生，自己也沒有清淨業障、盡除煩惱，那麼就只好繼續在六道中輪迴。因果就是這樣，不會錯亂。在見解上，我們不怕高卓；在行為上，我們要敬畏因果。

問：若極樂世界如上師所描述那樣美好，是否又給了眾生另一執念，對極樂世界的執念？

答：以前做家具或房子的時候，要把一個楔子拆下來，方法是用另一個楔子去打它，這叫以楔出楔。手上扎了刺，用另一根刺去挑，就能把它挑出去。同樣的，要初學者一下放下所有執著是很難的，所以佛菩薩方便接引，以執著去執著，教我們先用對淨土的執著去除對輪迴的執著，等真正往生淨土之後，花開見佛，至少是現見空性初地菩薩的境界，自然沒有了對淨土的執著。

我們凡夫這一顆心就沒有不執著、不攀緣的時候，不僅會對淨土執著，佛陀教授的任何一個法門，我們都可能對之執著。佛陀說「無常」，我們便執著於斷滅；佛陀說「常」，我們便執著於恆常主宰；佛陀說「空」，我們便執著於虛無。其實，

「無常、苦、無我、不淨」也好，「常、樂、我、淨」也好，都是為了對治我們的執著。

淨土法門甚深微妙，根本不是我們凡夫以分別心隨意揣測，能盡知其殊勝之處。無論是初學者還是老修行，無論是普通根器還是上根利智，都可修學淨土法門，得真實惠益，所以恆沙世界無量諸佛莫不讚歎阿彌陀佛極樂淨土，勸導眾生發願往生。在我們這個世界上，藏地漢地，古往今來，持教大德、大成就者，積極倡導淨土法門的，不計其數。像我們每天念誦的《課誦集》裡就有近現代藏地著名的大成就者、不捨肉身直接飛往清淨剎土的喬美仁波切所作的《極樂願文》、大圓滿祖師、文殊菩薩示現人間的麥彭仁波切所作《極樂願文》，當代寧瑪巴最偉大的上師法王如意寶一再發願：凡與他結緣的眾生都能往生極樂世界。這些無論在見地還是修證上都令我們高山仰止的大成就者們，如此倡導淨土法門，難道他們都執念深重、不明白空性為何物嗎？七歲就造出《定解寶燈論》的麥彭仁波切，難道還要我們去提醒他不要執著嗎？佛陀悲心懇切，開示此易行難信之淨土法門，使凡夫能不經累劫苦行，借佛威力而得出三界、解脫輪迴，我們應該珍惜感激。

問：把往生淨土稱為橫出三界，這個「橫」字怎麼講？

答：淨土宗祖師蕅益大師曾說：「出三界火宅，有橫豎兩途：以自力斷惑超生死者，名豎出三界，事難功漸；以佛力接引生西方者，名橫超三界，事易功頓。」

橫出三界有一個比喻的說法，三界（欲界、色界、無色界）猶如一根竹子，眾生猶如竹子裡的蟲，蟲要到竹子外面去，有兩個辦法：一個是沿著竹子往上爬，爬到竹子頂端就出去了；一個是就地在竹身上咬個洞，也能出去。眾生全憑自力求解脫，如豎出三界，需經過漫長、反覆的努力，就像蟲豎出竹，在爬向竹頂的過程中會一再掉落，往往進一步退十步；而眾生借助阿彌陀佛的願力往生淨土，如橫出三界，不需往上走，直接從人道解脫輪迴，就像蟲子咬穿竹身，所用時間相對短很多，且沒有墮落的危險。

問：為了和我一樣飽受煩惱惡業折磨的如母有情，我為什麼不發願繼續在娑婆世界積累資糧護持佛法呢？雖然可能會風險高，但是這卻是佛陀教導我們的道理啊！

答：繼續在娑婆世界，分兩種情況：一種是菩薩智不住三有、悲不入涅槃，出於悲心，乘願力、神通入輪迴救度眾生；一種是凡夫循業流轉，因業力牽引不得出輪迴。如果是自己已解脫了煩惱束縛，有能力跳出輪迴，而由於悲心仍然發願在娑婆世界積累資糧、護持佛法，那是菩薩的願行，我由衷地讚歎隨喜。如果自己還沒有解脫煩惱，也不發願往生，完全是因為業力而流轉輪迴，自己的煩惱惡業都還沒辦法清淨，又怎麼去教別人有效地對治煩惱？學佛不是純粹的搞學問，就算佛學知識豐富，知道去除煩惱的整套方法，但自己若沒有實踐、親證，是很難指導、幫助別人的，就像一個不會游泳的人下河救人，人救不了，自己還需要救援，因為不諳水性，甚至可能把別人往深水裡拖。

流轉輪迴不像一般想像的那樣簡單有趣。今生為人，來世不一定能繼續做人，

人，除了物質生活外，還需要有精神生活，去抒發情緒、陶冶性情，通過精神的修養和昇華，獲得內心持久的喜悅寧靜。

很可能會墮落到三惡道中。一旦投生惡道，想積累資糧、斷惡行善就非常難了。餓鬼道、地獄道不用說，我們現量可見的旁生道中，絕大部分旁生都是以殺生度日的，像海洋中有的大魚一頓飯要吃掉幾噸小魚，小魚一頓要吃掉無數的浮游生物。一個個都是殺業累累。即使福報淺薄到只能投生到永遠見不到亮光、冰冷漆黑的海洋深處，或者炙熱的火山熔漿裡，無時無刻不遭受冰火的酷刑，這些旁生仍然只是醉心於彼此爭鬥殺害，你死我活，心相續中滿是貪婪、嗔恨。牠們生來如此，別無選擇。相比之下，做人實在太幸運了，因為人就算再潦倒、再走投無路，也還是可以選擇不殺生、不造惡業，而仍能活命。

投生人道也並非像有些佛子以為的那樣，輕易就能憶起宿命，在前世修行的基礎上繼續今生的修行，積累資糧。菩薩尚有隔陰之迷，我們凡夫經過十月住胎的劇烈痛苦，基本都會把前世忘乾淨。況且投生人道有可能投生到邊地、業際顛倒之處，或感得喑啞殘缺之身等，總之想再具足十八暇滿修學佛法，並不容易。

佛陀教我們發願往生極樂淨土，就是因為大多數眾生不能在一世之內通過修行盡除煩惱，所以要往生淨土，出輪迴，得不退轉，再接再厲修行，直至圓滿佛果。在極樂世界得阿彌陀佛授記的菩薩，都能於須臾間前往無量佛世界，恭敬供養諸佛，迅速積累福慧資糧；都能化身無數百俱胝，以慈悲善巧救度、引導無邊無際為煩惱所迫的有情眾生。

認為發菩提心就是發願流轉輪迴救度眾生，可以說是對菩提心的一種誤讀。佛陀教導我們發菩提心，是為幫助一切眾生離苦得樂、究竟解脫，而發願證得佛果。

願菩提心有三種：國王般的發心、船夫般的發心、牧童般的發心，這三種發心雖有差別，但都發願圓滿覺悟、證得佛果，沒有哪一種發心是立志循業流轉的。佛經有云：「若自有縛，能解他縛，無有是處。」大乘佛子發願在娑婆世界積累資糧、護持佛法、救度如母有情，這很好，但自己先要努力解脫煩惱，才能給眾生切實帶來暫時和究竟的利益。

問：什麼是善良？不做壞事是不是叫善良，善良是否就一定要做好事呢？

答：簡單地說，善良就是沒有傷害之心。

問：講到自律，那我要不要去制止惡的發生呢？一味的自律不是縱容了惡嗎？

答：佛教的自律是指為了不製造傷害而自覺地遠離身口意的惡劣行為。對神智正常的人來說，言行主要受思想意識控制，所以遠離意的惡業，身口業自然就會清淨。意的惡業概括為貪、嗔、痴。時刻提醒自己對治貪、嗔、痴，可以有效制止自己身心上惡的發生。

就外境的惡或者說他人的惡行而言，要看具體情況，不能一概而論。在你看來是惡劣的行徑，在別人眼裡不一定就惡劣。在正常情況下被認為惡劣的言行，在某種特定情境中可能就不惡劣。在一個社會、一個時代、一群人中被認為是惡的，可能在另一個社會、另一個時代、另一群人中就不是惡的了。如果全憑自己的情緒和成見，凡是自己看不順眼的、與自己的價值觀不一致的，就認為是惡，應該予以制止，這是不合理的。自律「律」的正是這種「一切以我為標準」的心態。

其次，為了避免造成傷害而制止他人的惡行，與對治自己的貪嗔痴一點兒也不矛盾。我們不是非要借助貪嗔痴才能去阻止別人造惡。比如我們小時候做壞事會被父母喝止，父母的喝斥是出於愛護而非出於嗔恨之心；法官不必對疑犯滿懷仇恨、怒髮衝冠，才能公正嚴明地判案。有些人脾氣率直，路見不平便大吼一聲出手相助，這種英雄好漢的形象可謂深入人心，但是我們不能因此就簡單化地得出結論，說意氣用事、敢對人拳腳相加、惡語相向，才是有正義感的表現，而冷靜克制一點的，就沒良心、沒骨氣。

自律主要關乎個人修養。越是在文明、法治的社會中，自律與懲惡揚善越不矛盾。

問：因果不虛，善有善報惡有惡報我相信，可真有來世嗎？

答：如果相信因果不虛，就該相信有來世。當一期生命結束時，若就此斷滅，沒有來世，那麼未了的因果怎麼辦？若說因果也隨之斷滅，豈不是有因無果，又怎能說因果不虛呢？

問：跨越時空的因果對現世有什麼意義？如何起到斷惡行善的警示？

答：嚴格說來，因果都是跨越時空的，因與果不可能出現在同一時空點上。時空的間隔有長短遠近之分，而這長短遠近沒有絕對，是因人而異的。超出了某些人接受和認知範圍的事物，可能對另一些視野更廣闊的人來說，是完全可以理解和接受，並能從中得到啟發、借鑒的。比如，只關注眼前的人，你跟他講歷史、講未來，他會覺得那些與他目前正在做的事沒什麼關係，考慮那些沒多大意義；可是稍有遠見的人就會懂得：「以史為鑒，可以知興替」，過去發生的事會告訴我們事物發展興衰的規律，並預示事態變化的趨勢；考慮未來，可使我們以更具持續性的方式去做事，而不至於急功近利，路越走越窄。

所謂「跨越時空的因果」對現世的意義，取決於眾生各自的智慧和福報。對一隻朝生暮死的昆蟲來說，隔夜就是隔世，牠很難明白昨日種種與今日種種之間的聯繫和延續；牠不知道牠那一天的生命與整個自然界的發展變化、與整個生物進化史都密切關聯。但對人來說，明白這一點是很容易的，因為人的福報和視野比蟲子大。如果蟲子說：「沒有昨天也沒有明天，今天的太陽落山後就再不會升起來。」人類聽了，一定會發笑。同樣的，若智慧和福報超過一般人，就能知曉過去將來，知道因果在較長時空跨度裡的演變過程。

凡夫受因果律支配，卻因為不能現量了知因果而常常疏忽、懈怠。菩薩出定時也在現象的緣起法中，由於菩薩以入定智慧之力在出定時能基本現量了知何因感何果，因而菩薩不昧因果，詳細取捨因果，精進地行持六度萬行。所謂「菩薩畏因，眾生畏果」，正是如此。

問：如果有輪迴，為什麼世界比以前多了那麼多人口？多出來的那些是哪裡來

的？

答：佛教的輪迴講的是六道輪迴，眾生跟隨業力在天道、阿修羅道、人道、旁生道、餓鬼道、地獄道之間生死流轉，不是只在人道循環。其他道的眾生在耗盡福報或償盡業報之後，會墮落或上升到人道來；而人在一期生命結束後，也會隨善惡果報或升天或墮入三惡道或繼續投生人道。

問：**違緣是順其自然還是當斷則斷？**

答：我不知道你所說的「違緣」具體指什麼，所以很難籠統作答。同一個人在不同情況下，面對不同的問題、障難，應採取的態度和對策會不一樣。不同的人，由於脾氣秉性、根器、福報、因緣各異，在同樣情況下，面對同樣的問題，態度和對策也會不同。世間法、出世間法都是這樣。有的障難對某些人來說應該遠離，而對另一些人來說則可轉為道用。

一件事是修行的違緣還是助緣，我們若沒有神通和足夠的智慧，真的很難判斷。比如罹患疾病、事業家庭發生重大變故，會讓一些人憤懣、消沉，對別人苛責，對世俗的欲求更執著，也會讓一些人沉靜、反思，對生活更曠達，並生起出離心追求解脫。像密勒日巴尊者，他若不是幼年失去父親，他的財產若沒有被掠奪，他若未飽受叔父、姑母的虐待，大概他後來不會走上苦修之路，而佛教歷史上也就少了一位偉大的修行者和成就者。在密勒日巴尊者的示現中，苦難的經歷是修行有力的助緣。

問：不動己心，何來慈悲之心？不亂他心，何以傳播佛教教義，普度眾生？

答：內心寧靜、堅定，不以物喜、不以己悲，才會生起真正的慈悲。弘揚佛法是為開導群迷，幫助眾生減少無明煩惱，隨著煩惱的減輕，眾生內心會越來越寧靜喜樂，所以無論是傳播佛法的目的還是結果，都不是讓眾生心生迷亂。不知「不亂他心，何以傳播佛教教義」此話從何說起？

問：佛教徒吃素就是在護生，又何必那樣強調放生，是不是太執著於形式了？

答：如理如法放生即是在行持六度：一、布施。解救生命，並在放生過程中按照儀軌念誦經咒及佛菩薩的名號，使被解救的動物相續中得以種下未來解脫的種子，這是無畏布施和法布施。二、戒殺。三、忍辱。克服放生過程中出現的各種困難、障礙。四、精進。以歡喜踴躍的心態持續進行放生活動。五、了知放生的人、被放生的對象及放生過程都是本質為空、顯現如夢如幻，這是禪定和智慧。在此六度之外，加上發心和迴向，大乘佛教一切修持無出其外。

事相固然不必執著，然而無相非從相外求。初學者很難不執著，既如此，那就執著善業，有道是「已到岸人休戀筏，未會渡者要須船」，善業即是我們的船。

佛陀也說過：「以無我無人無眾生無壽者修一切善法，即得阿耨多羅三藐三菩提。」一心無執著、無所掛礙地去修一切善行，即得圓滿菩提。

修行的旅程不會一帆風順，所有的修行人都在不斷地面對挑戰和挫折，清淨的發心能保護我們免受眾多無謂的干擾，懷著信心和熱情堅持修行。

問：遇到乞丐，想布施又怕被騙，不知該怎麼辦？

答：面對乞丐，不要急於表達厭惡或不信任。生活若真的優裕沒人願意低三下四出來乞討。就算被騙被利用罷，至少不會給自他造成妨害。再說人生何處不受騙，又何必要跟一個笑臉相向比你弱勢的人較量。其實當我們在伸過來的空手中放下錢物，我們所做的不是布施就是供養，不用擔心會有第三種情況。

問：現在有些人利用人們的善心，拐賣兒童進行乞討，從中獲利。布施乞丐豈不是在縱容犯罪？

答：我們做事是好是壞主要看發心，否則能做的事情真不多。理論上說，大家都不吃不喝不消費，就不會有人製造假貨傷天害理，但不能為了杜絕惡業自己就不吃穿用度買東西，也不能說是自己的日常消費行為導致縱容了造假犯罪。布施也是這樣。我們無法避免生活中一切的不善，但內心清淨就能減少傷害。

問：師父，念佛時如何做到心定，靜心。心無雜念的境界好難啊！

答：作為初學者，不要等到心完全安靜下來再去念佛，那樣的話，你很難有機會開始念佛，相反，你應該通過念佛使心安靜下來。心裡越亂的時候，越要果斷地提起佛號、心咒，把散亂、四處攀緣的心收回來。心咒又稱為「心的保護者」，持咒或念誦佛號能夠讓我們的心不外散。通過長期、耐心的訓練，我們會慢慢習慣把越來越多的注意力放在持誦的心咒或佛號上，即使在嘈雜、混亂的環境中，內心的專注和寧靜也不易受到影響。

念佛的時候發現自己雜念紛飛，是因為此時你的心比平時安靜，所以才會察覺到雜念紛飛。這是很好的開端，不用去管雜念，堅持念佛，借以時日會見到成效。

另外，剛開始修行的人，很少能做到一心不亂。你需要保持覺察，在念頭生起時，知道念頭生起了；念頭紛繁變化時，知道它在變化。不需刻意制止念頭生起，也不要刻意挽留。如此保持覺察，自然而然地，就不會那麼容易跟隨念頭亂跑了。久之，心會慢慢安靜下來，安住的時間也能越來越長。

初學者往往以為凡事都有竅門，總想找個機巧的法子，其實最大的機巧就是堅持，串習。一件事，做十遍不成功，就做一百遍；一百遍不成功，就做一千遍。反覆堅持做下去，熟能生巧。

問：您好師父，我想請教一下藏傳佛教有什麼不同之處嗎？我該怎麼修？盼覆！

答：藏傳佛教、漢傳佛教、南傳佛教，雖然傳播的途徑不同，但都是釋迦牟尼佛的教法。藏傳佛教包括顯密兩部分，密宗可以說是藏傳佛教顯著的特點。顯密在根器、證悟的方法和所需時間等方面有差異。密宗認為諸法當下即是清淨的。

對三寶生起信心，想要修行，這是非常值得讚歎的事情，是你往昔積累的福報因緣成熟的顯現。首先你需要皈依佛門，皈依後開始聞思佛法，並做功課，可以念誦《金剛經》、《心經》、《地藏經》這些經文或者持誦佛菩薩的聖號。我曾經寫過一篇文章《如何做功課》，在菩提洲網站和《次第花開》這本書裡都有。如果有條件，你最好選擇一位具德上師，在上師的指導下進行聞思修。

問：因為因緣時時變化，時時消失，所以沒有一個恆常不變的我；因為沒有一個恆常不變的我，因此每一個當下都是一個緣起，我們或許正可以運用這種緣起，加入一些好的條件，將我們的生命帶往一個更好的方向去，這便是修行？

答：可以這麼說，修行就是斷惡行善，糾正會給我們帶來痛苦的身口意行為，積累智慧和福報資糧，走向解脫，並最終成就佛果。生命有四種，由黑暗走向黑暗、由黑暗走向光明、由光明走向黑暗、由光明走向光明。我們獲得了這個暇滿人身，如果懂得善加利用，就能由光明走向光明。

問：眾生平等。可為什麼有人不費勁就可以得到自己想要的一切，而有些人卻一直活在痛苦之中？

答：眾生平等是說眾生都有佛性，有同樣的潛力實現圓滿覺悟，而每個眾生當前的狀態是自身種種因緣的顯現，因緣不同，自然顯現不同。有人不費勁可以得到自己想要的一切，有些人一直活在痛苦之中，這是因為每個人的福報不同。然而，你所說的「一直」實際上也只是暫時的顯現而已。沒有什麼是恆常不變的，天人有福報用盡墮入惡趣的時候，地獄裡的眾生也有果報受盡轉生到善道的時候，眾生就是這樣隨著自己的業力在六道輪迴中不斷地起落，所以我們才要修行，徹底出離輪迴。

問：上師您好，為什麼信仰佛教的許多人拿很多錢去放生，而很少看到他們拿錢去幫助那些現世的人呢？真的希望大師能組織一次公益活動，幫助那些偏遠山區的孩子，還有患病的孩子。我想現世人的疾苦也應是信佛之人所關注的吧？

答：幫助眾生的方式有很多種，佛菩薩救護眾生的方式是我們無法想像的。寂天菩薩在《入菩薩行論》中說到：「路人無怙依，願為彼引導，並作渡者舟，船筏與橋梁。求島即成島，欲燈化為燈，覓床變作床，凡需僕從者，我願成彼僕。」

佛教徒心懷一切眾生的疾苦，對六道眾生具有平等的慈悲心。假使你有這樣的印象，認為佛教徒只放生動物，不幫助人，可能是由於你對佛教徒的了解還不夠多。其實社會上各行各業都有佛教徒在以個人的身分、以個人的名義或團體的名義在積極幫助他人、奉獻愛心，建立孤兒學校、養老院、扶貧醫院，從事各種公益活動。他在災難到來時，也總有大量佛教徒在前線與後方無私無畏地救援，慷慨地捐贈。他們做這些事的時候，往往都是默默無聞的，很少曝光，更不會刻意去宣揚自己佛教徒的身分。而且，除了物質上的幫助外，很多佛教徒還在精神上給需要的人以幫助，讓孤獨的感到被關心，讓空虛的感到充實，讓絕望的重新生起希望，讓迷茫的逐漸找到生活的方向。

問：上師，最近通過微博知道我學佛的好友越來越多了，很多都勸我回頭是岸，好多的違緣啊！雖然我知道他們都是為了我好，但我真不知道怎麼和他們解釋佛祖的智慧，我因此寫了文章，可是寫了之後更多違緣了，我不知道如何才能和他們保持這難得的友誼又可以繼續我的修心之路。

答：不要動搖自己修行的決心，也不要擾亂他人的心。繼續你自己的聞思修行，讓周圍的人通過你的身心變化逐漸對佛法生起信心，在自己力所能及的範圍內給朋友們講講佛法的道理。凡事都有因緣，度化眾生也需要觀察眾生的根基和因緣。作為初學者，最重要的就是自己靜下來精進修行。

問：總有做不完的工作、家事，每天還要和孩子鬥智鬥勇。很想修，總苦於時間不夠用。師父啊，我該如何是好？

答：在家人要工作、要照顧家庭，的確沒有太多的修行時間，所以更應該珍惜，每天再忙，也要安排一定的時間修行，盡量爭取多的時間修行。在日常的工作生活中，我們也可以隨時隨地修習出離心、菩提心和空性智慧。比如在工作中和同事發生衝突，你可以修忍辱、修慈悲心；如果你的孩子把家裡搞得一團糟，你可以修空性，告訴自己眼前的一切都如夢如幻；照顧父母，引導父母學佛，這是報答父母恩德，也能為自己積累福報資糧；戒殺茹素，護生放生，這些不需要占用很多時間，卻是非常殊勝的法門。

問：一直沒辦法對那些給我帶來傷害的人釋懷，她們把快樂建立在我的痛苦之上。我一直想知道如何才能放下，才能原諒。若是再說到悲憫之心，就更加不知道如何做了。

答：對那些傷害你的人，盡量去理解他們內心的痛苦煩惱，原諒他們對你的傷害，實在不能馬上做到，不用著急，慈悲心的訓練可以一步步來。先對親近、喜愛的人修慈悲心，然後將這種慈悲延展到一般人，最後到傷害過自己的人。當你生起菩提心，當你的菩提心日日增上，有一天，你會發現，曾經無法釋懷的心結已經煙消雲散。

修行不易，難就難在要不斷突破自己的局限。

問：上師，若他人回報你的慈悲以冷漠、不關心甚至厭惡，何以我們收獲的是安樂？

答：我們不可能除盡大地上的荊棘瓦礫，但是當我們給自己的雙足穿上一雙舒適的好鞋子，我們的腳下便變得柔軟。如果你把自己的快樂繫縛在別人對你的態度上，恐怕你永遠也得不到安寧。安樂是自心的感受。當我們慈悲待人，在任何情況下，都能堅守住內心的善良，並且不期待對方立即回饋同樣的善心時，我們的內心會越來越開闊，越來越堅強，這便是安樂的源泉。

問：有的師兄建議我不要與外道有接觸，要避而遠之，是為了善護法身慧命，不可以結緣，以免將來這個果成熟了墮入外道，說要成佛以後，任運救度有情。如

你們平時做生意，為得一個好價錢，都會再三考慮怎麼談，關係到自己今生後世的修行就更應該仔細考慮。

果佛教徒只想自己得一點法，躲避著外道（若家裡父母親朋是外道躲不過吧），不接觸，不去感化影響，不把佛陀最殊勝的教授弘揚，要到成佛後才去救度有情，那佛教的未來不容樂觀啊。請師父慈悲開示，對外道應該採取什麼態度？應該如何做？

答：在家修行的人不可避免要與社會上各式各樣的人打交道，我們不能要求所有人都跟我們有著同樣的信仰、價值觀和行為方式，我想避免矛盾衝突的一個有效方法，就是從基本人性出發去與人交往、溝通。在宗教、性別、職業、社會地位等等不同的背後，大家都是人，都希望被理解、被關懷，都希求快樂，不想遭受痛苦。先認識到這一點，在此基礎上逐漸擴大內心的容量，對眾生慢慢地由衷地生起親切感，願意去感受他們的快樂、悲傷、孤獨，願意去諒解、去幫助。這在我看來是佛教徒應具備的基本素質。我們應首先學會如何與人相處，再談如何與外道相處。沒有內心的開放和悲憫，我們無法突破自身的局限，也很難切實地利益有情。

一個人不論他的宗教信仰為何，在大乘佛教徒看來，他都具有佛性，有著與諸佛菩薩一樣清淨無染的本性。我們應該平等恭敬，不輕慢排斥眾生。

能與志同道合的人相處，在聞思修上互相幫助，自然是再好不過，但如果不得不跟信仰與己不同的人交往，我們仍然可以做到在尊重其信仰、關懷其需求的同時，堅持自己的信仰和修行。恭敬不等於隨學，對人有禮貌不一定就要拜其為師。

至於弘揚佛法的問題，這要看因緣。智慧不夠的話，是很難判斷因緣的，所以要努力提高自己的智慧。如何提高呢？聞思修。初學者安靜下來，好好聞思修行，就是在弘揚佛法。好的修行人，他的寂靜調柔，可以感動人心，令人對佛法生起無上的信心。

問：不起疑，我認為不足信。疑了，然後求證，體證了，然後才能信。但是佛家又講，不起信，不能得證。疑和信的關係，請賜教。

答：關於疑與信的關係，以自然科學為例來說，現代人應該都相信科學，從小就接受科學教育，但在學習科學的過程中，你心裡不可避免地會提出很多疑問。有疑問不說明你認為科學不可信，信科學也不代表你對科學所有門類的知識完全通達，沒有絲毫不理解之處，或者你對自然界種種現象不再有疑惑。提出疑問並努力尋找到答案，是學習中重要的一環，這一求索的過程會增強你對科學的信仰，而對科學的信仰也會激勵你不斷去提問、求證和發現。在這裡，疑與信不但不構成矛盾，反而是互為促進的，當然，前提條件是你相信科學，如果你根本就排斥科學，認為科學是騙人的把戲，你就不會去學科學，更不會為了獲得知識而提出疑問，你可能只會出於成見提出質疑批評，不為澄清問題，只為證明自己的封閉和排斥是對的。

對佛法的信和疑，與此類似。信，首先是一種開放的態度。願意放下成見，換個角度看問題，才能有新的見識和理解。佛教說，唯信能入。其實不僅信佛如此，學什麼都是這樣。不揭開杯蓋或者杯子是滿的，都裝不進水去。抱著開放和接受的心態，才能學到東西。

你相信佛陀的教法揭示宇宙、生命的真相，並不等於你立即就能理解並見到這個真相，你需要通過反覆的聞思、提問、辨析、驗證去啟發自性智慧，使之流露顯發出來。

自去年年底以來，網友和佛子們通過微博和菩提洲網站信箱提出有關佛法的不少問題，我在這裡對其中部分問題做出了簡單回答。

文中錯漏在所難免，我至誠向諸佛菩薩懺悔罪過！也望各位讀者不吝賜教、指正。

以此微薄功德迴向眾生，願眾生離苦得樂、究竟解脫！

希阿榮博

完成於藏曆鐵兔年十二月十五殊勝的阿彌陀佛節日

（西元二〇一二年二月七日）

四　生命這齣戲

序　言

二〇一二年的農曆新年，也是個龍年，很多家庭想要生個屬龍的孩子，好像覺得這樣有個「龍子龍孫」的寓意應該很吉祥，而人生為何生，為何死，在新年狂歡的假期裡，似乎不適宜去提起，或討論。我們常常習慣了在膚淺而表面的愛裡表達對他人的感情，而佛教的修行者恰恰在他們眼裡顯得那麼另類，在新年的第一天，當人們還沉浸在鞭炮的喧鬧，家人的聚餐，親友的往來祝福，和對故鄉的眷戀裡，慈悲的希阿榮博堪布就通過菩提洲網站刊登了第一篇新年教言，充滿了清醒的提問。

佛教的修行者隨時保持覺察，看護自己的身心活動，反省自己言行背後的動機，珍惜與他人、與其他生命之間的種種緣起，是因為我們知道，生命這齣戲，沒有重來一次的機會。

短暫而無法重來，我們的人生因而要過得有意義。

——希阿榮博堪布

以我們傳統過年的習俗，抽煙、喝酒、吃肉、打牌等各種娛樂活動是不會少的，就算自己原本不喝酒，在聚餐和回家的氛圍裡，也大都難卻其情，而堪布恰恰選擇在這樣的氛圍裡開示人生的意義和因果、輪迴、戒律的含義，就像選擇在飯館旁邊放生，在魔的身邊傳授佛法一樣，沒有大智慧，大慈悲，我們不會有機會蒙此教言。這就是我們常常說到的契機，也是我們常常忽略的緣起。而大圓滿的修行人對緣起的觀察也是超乎我們的認識的。

見過堪布的人，都會真切地感受到他身上不僅散發著喜樂、安詳、自在，而且常常在玩笑和幽默間點醒他人的迷惑，不管每天見多少信眾，開多長時間的法會，堪布從未讓身邊的任何一個人感覺到他的疲勞和忽略，相反，每一個見到他，靠近過他，甚至走過他身邊的人，都可以感受到他全部的關心，他似乎有著源源不斷的正面能量，讓接觸他的人很難生起分別念，這就是大圓滿修行者的示現，更進一步說，他就是大圓滿的教法本身！

所以，從新年第一天起，每天一篇文章依次登出，直到第八篇結語，每一篇宛若人生珍寶，值得反覆琢磨，每一篇都帶給人們如同皓曠夜空裡明月般的清涼，堪布自己則說，這是他獻給這個世界眾生的八吉祥！這才是他說的：新年禮物！

願所有讀者、聽聞者，以此因緣，踏上人生真正的解脫之路。

願有緣者獲得光明、自在、安樂！

菩提洲網站

二〇一二年二月

頂禮本師釋迦牟尼佛！
頂禮文殊師利菩薩摩訶薩！
頂禮大恩根本上師法王如意寶！

一

時間飛逝。

我們是一群搭載時間之車的乘客，疾駛在生命的單行線上。無法減速，不能回頭。

悲喜，聚散，成敗，像路邊的花草，一閃而過。

一切的經歷和感受，都逕自往身後狂奔而去；我們卻是逕自前行。很奇妙，人們以為自己是與生活同行，而原來只是擦肩而過。

生活是一場沒有彩排的現場直播。演成什麼樣都是自己擔當。演好了，皆大歡喜。演壞了，也不可以叫停，不可以重來，換個場景，換副扮相，甚至換一個角色，換一個劇組，接著前面的線索，還得往下演。

可這是怎樣的一個舞臺呢？不同的劇組，不同的故事，同臺獻藝，全是直播。彼此影響，相互客串，又各行其是，各自連續，以致無窮。

有的人說相信因果，相信來世，但行動上不那麼做，繼續造各種惡業，這就是口頭上說信，實際上不信。

演員們說話、做事、演繹與其他人物的關係，都需很小心，要演好自己的戲，又不妨礙他人演戲。

佛教的修行者隨時保持覺察，看護自己的身心活動，反省自己言行背後的動機，珍惜與他人、與其他生命之間的種種緣起，是因為我們知道，生命這齣戲，沒有重來一次的機會。

短暫而無法重來，我們的人生因而要過得有意義。

二

這世界上，形形色色的人各種各樣的行為背後的動力是什麼？為利？為名？為感情？為物質？為精神？

仔細看看這些動機的背後，還有一個根本的共同的動機，那就是為了安樂。

安樂還有許多名字，代表它不同的側面和程度，比如：快樂、幸福、享受、樂趣、舒適、喜悅、寧靜、滿足、安全……

安樂主要是內心的感受，它在心裡，不在身外，所以內心如果不快樂、不滿足，外境再美妙再豐富，也很難感到愉悅、富足；而一顆寧靜柔和的心，在貧乏艱難的環境中，也能生出喜悅、自在。

倒不是說物資越貧乏，內心就必定越安樂，物質生活豐富就必定讓人痛苦。這其實還是認為安樂與否完全由外在的物質決定，只不過與常人的思維相反，認為物資越少越快樂。

多數人卻是走入另一個極端，認為安樂就在於物質的積累、財富的增加，占有、享用的資源越多，就必定越幸福快樂。現代社會的人們毫無顧忌地競爭、攫取物質以及各種資源，忙於追逐名利，他們認為這些東西本身帶有快樂的屬性，能自然給人帶來安全感、幸福感。有些人過分投入地競爭、追逐，以至於忘記了自己的初衷是追求幸福安樂，慢慢地，把手段當成了目的，相信自己活著就是為了與人競爭、囤積名利。如果有一天，沒有比較，也無須搶奪了，便覺得生活沒有意義。

我們所處的這個時代，一個人的價值往往取決於他創造物質財富的能力。然而，人之為人的價值和意義，遠比創造財富寬廣、深刻。人活著，除了積累和占有外，還有很多事值得去做。

那麼，安樂與物質無關嗎？不是的，至少對一般人而言，完全摒棄物質而講安樂，是不可能的。月稱菩薩在《入中論》裡講到，大乘佛教六度波羅蜜首先是布施，其中包括財物布施，原因就是物質基礎對安樂來說是重要的，布施無疑能給對方帶來安適快樂，同時布施也讓自己感到快樂滿足，並給自己積累福報。

物質的確能解決不少問題，只是生活中還有許許多多的問題，僅靠物質手段是難以解決的。

人，除了物質生活外，還需要有精神生活，去抒發情緒、陶冶性情，通過精神的修養和昇華，獲得內心持久的喜悅寧靜。

在基本的衣食住行得到保障之後，我們僅再需要一顆受過訓練的心，就能得到安樂。

三

既然大家都目標明確，為了安樂，何以還是有很多人成心要受苦一樣，眼睜睜直奔一個個痛苦而去呢？

佛陀初轉法輪主要講的就是這個問題。因為人們誤把痛苦當成快樂，跟在痛苦後面追，還以為是在追快樂。其次，人們不知道怎樣才能真正遠離痛苦憂惱，獲得安樂，現用的那一套方法適得其反，用製造痛苦的辦法去追求快樂，當然不會有結果。

佛教所講的「苦」不僅包括劇烈粗大、毋庸置疑的痛苦、災難、傷害，還泛指一切的憂惱、缺憾、局限。如此，人生所有的經歷似乎都包含在苦的範疇之內了。自有生命便有憂患。老病別離、冤家相見、所求不得之苦自不待言，即便是快樂，也沒有不最終變成憂惱、惋惜或惆悵的。

輪迴中任何的生命形態都不離苦的本質。快樂不是沒有，卻短暫而趨於表面，就像在一碗湯藥裡加入一小片包著糖衣的藥丸，那微不足道的甜味根本沖淡不了整碗藥的苦澀。

我們經歷的苦源自於煩惱和業。

這裡所說的煩惱主要是指貪婪、嗔恨、嫉妒等會給自他身心帶來傷害的情緒。業是指過去的行為。從長遠來說會帶來快樂的行為，稱為善業；長遠來看會帶來痛苦的行為，稱為惡業。行為的後果不僅要看眼前，更重要是看長遠的影響。比如貪婪會讓人暫時感到滿足，但長期來看，貪婪帶來的是永無止境的不滿足感和不安全感，內心難得安寧。再比如，修行過程中我們毫無疑問是要吃苦、受委屈的，但這長遠來說有助於解脫輪迴的痛苦。

想像一下，每天從早到晚，我們會有多少念頭，多少身體的行為。由此類推，我們一生以及過往的生生世世，又會有多少身心的行為。這些行為，每一個，真真切切是每一個，都會產生相應的後果。後果又成為因，因再結果。因因果果交織在一起，呈現出不同的生命形態，不同的生活際遇。

業（即行為）的力量有強有弱。強大的業決定一期生命的主要特徵，比如投生在輪迴六道中的哪一道，壽命長短等等。力量不是那麼強大的業，則繪製出生命的各種細節，比如美醜、才藝、貧富、健康、疾病等等。

通常來說，具足四項條件的業力量會比較強大，也就是說一個行為有明確的意圖、明確的對象、採取了實質的行動並實現預期的結果。以殺生為例，如果有殺生的意圖，有明確的殺害對象，採取了殺的行動並確實殺死了對方，那麼這就是一個完整的殺業，需要完整感受殺生的果報。

即使四項條件具足，意圖、對象的差異，也會極大地影響業的力量。意圖、對象，在佛教中稱為發心和對境。同樣的行為，發心不同或對境不同，其果報會很不相同。

佛經中講過這樣一個故事：阿難尊者向佛陀供養了一碗粥，佛陀隨即撥了半碗粥給過來乞食的狗吃。過後，佛陀問阿難：是你供養佛的功德大，還是我布施狗兒的功德大？阿難尊者說：是您布施狗兒的功德大。佛說：如是如是。

從對境的角度說，佛陀是無上殊勝的對境，供養佛陀的功德遠勝布施狗兒的功德，其差距之大不可思議。而從發心的角度看，阿難尊者供養佛陀，發心自然是純正殊勝的，但與佛陀的清淨發心相比，又有不可思議的差距，所以供養佛陀的功德才會不及布施狗兒。

由此可知，凡做事，發心是何等關鍵。

根據力量的不同，業的果報會在今生、來世或者更晚的時間應現。果報的顯現需要因緣具足。業，每一個行為，會在阿賴耶識裡留下印記，不會自行消褪，直到所有引生果報的條件齊備，也就是因緣具足了，果報完全顯現，業因才會消失。就像一粒種子留在土裡，冬天沒有動靜，春天來了它才破土發芽，在陽光雨露中耐心地成長，長出枝葉，開出花朵，等到結果的時候，結果。有春天結果的，有秋天結果的，不一樣。

業又分為共業和個業。共業指一群眾生共同的業因果，個業指個體生命各自的業因果。一個時代，一個社會，一群人，往往有著共同的命運，雖然個人具體的生命軌跡會有不同，但很難逃脫大的趨勢和框架。每個人都是這個時代、這個社會的負荷者。這份負重感，這股無形的牽引力、推動力、壓力，就是共業的表現。時代會變，社會在變，因為業處於動態變化中。

遷徙的鳥，洄游的魚，高峰時段的城市，都能讓人直觀地見到業的力量。個體彙入群體的洪流，不知所以，不由自主，又那樣執著，不知疲倦，耗盡生命也在所不惜地向前向前，為到達某個地方，然後，離開那裡，原路返回，然後再去，再回，不盡往復。

我們的生命最大的特點，就是它的局限性。每個人都自以為獨立，有想法，自由自主，實際上我們的每個念頭、一言一行，都被無數條件、無數因素限制、影響、

定要對父母好，大恩父母為了養育孩子一直奔波勞碌，辛辛苦苦
把孩子撫養成人，不要對他們不好，一天也不能。

塑造著。無一不是條件的產物。

輪迴中的生命，沒有真正的自由可言。

四

前文中講到自有生命便有苦，這個生命指的是處於條件局限中的生命，以憂患為本質，與苦不分離。然而要知道，心的本然狀態是超越痛苦的，只因為我們錯誤的見地、錯誤的行為讓生命顯現出種種局限性，才感受到憂苦缺憾。

我們被善業牽引走向暫時和究竟的安樂，惡業則將我們引向痛苦，一再的痛苦。惡業即身口意的錯誤行為，它們源於對人和事物的錯誤認識。錯誤的認識可以糾正過來，因而錯誤的行為是有可能改變和停止的。既然改變了錯誤的行為，痛苦就有可能結束，不僅是單個的痛苦，還包括輪迴中所有粗大、微細、各式各樣的苦。輪迴的苦消失了，限制不再，這種狀態稱為解脫、寂滅或涅槃。

痛苦由惡業而來，惡業由煩惱來。

什麼是煩惱？人常說「煩惱眾生」，可見輪迴眾生起心動念、言談舉止無不是煩惱。煩惱中有十個叫做根本煩惱，即貪、嗔、痴、慢、疑、身見、邊見、邪見、見取見和戒禁取見。

貪、嗔、痴、慢的意思，大家應該基本了解，這裡不多解釋。

疑指對佛陀開示的真理心存猜疑。

身見指執著這個身體為「我」。

邊見指斷見和常見。斷見是認為「我」死後歸於斷滅，人死如燈滅，什麼也沒有了。常見是認為有一個恆常不變的「我」，有一個不變的靈魂或主宰。

邪見指撥無因果。

見取見指堅持認為身見、邊見、邪見這幾種「見」是絕對正確，不容懷疑的。

戒禁取見指外道認為違反事物的客觀規律，不當做的偏去做，凡事都反著來，這樣才能獲得解脫。比如認為殺生、自殺、不停地洗澡、極端的苦行等等可以證得涅槃解脫。

無量無邊的煩惱由無明而來。

無明指對人和事物錯誤的認識。就人而言，認為有一個獨立、固有存在的「我」，繼而對這個「我」生起執著，然後對「我的」生起執著。就事物而言，認為有獨立、絕對、不依認識而客觀存在的事物。

這樣的見地之所以錯誤，是因為它與人和事物的真實狀態相反。無明不是單純的無知，不知道，無明是指錯誤的認知。

比如一個蘋果，它若在你看不到的地方，你對它的存在是無知的；它若就在你眼前，你看見了，卻以為是一個橘子，則是錯誤的認知。

我們對世界的認識正是這樣。並沒有一個真實的世界在別處，真實就在眼前，只是我們的認識出了問題。「佛法在世間，不離世間覺」，我們的見聞覺知造成假象，當體轉過來，就是實相。離此另向他處求實相，猶如離波求水。

「認識」不僅是智力層面的理解，懂得道理而已，還要把這道理拿到身心上實實在在去驗證，真正見到，才算數。

「你見與不見，我都在那裡。」見到了，才知道一直在那裡，從未離開；沒見到，自是咫尺天涯，相逢不相識。

佛教中講「無我」，這個「我」是指獨立、固有、恆常的存在，可以是人，也可以是物、事件、現象。「無我」是說人、物等等沒有獨立、固有、恆常的存在，因為任何現象都是緣起的，隨條件的聚合、變化而生成、變化、壞失。

我們都有一個根深蒂固的「我」的觀念。什麼是我？你會說這個身體是我。身體由地、火、水、風這「四大」組成。地指肌肉、骨骼、器官、毛髮等；火指熱量；水指水分、血液、體液等；風指呼吸、氣脈等。這其中包括有形的，也包括無形的。單個來看，我們很難說肌肉、骨骼、器官或熱量、體液、呼吸是「我」。當切除器官、截肢，或者吐唾沫、理髮、呼吸時，我們不會認為自己被切除了，或者被吐到了地上，被呼出去又吸進來。沒人會這麼想。當然，思想、意識也不是「我」，因為思想意識只是一個個念頭，前念已滅，後念未生，我在哪裡？

可見，「我」不存在於各別的四大和念頭中，也不存在於四大和念頭之外，而是指身心的組合體。既然是組合體，就是相對、依賴其組成部分而存在，沒有獨立、固有的自體。因為由不同部分組成，各部分又都是變化運動的，所以整體形成的同時自然處於解構的狀態，不具恆常性。

四大和合而成的這個「我」只是一個概念，並沒有任何獨立自在之物可指認為「我」。然而，人們的常識與之相反，堅信有實存的「我」，並由此生出對「我的」的執著，認為這是我的手、我的頭髮、我的財產等等，想方設法地呵護保全。

事物也是一樣，沒有獨立、固有的自體。比如一個蘋果，它當體可析分為果皮、果肉、果核、果仁，這些又可各個析分，無限析分下去，蘋果消失了，果肉果仁消失了，微粒微塵也消失了。把世界放到顯微鏡下，隨著顯微倍數的增加，整體紛紛消失，宏觀化成微觀，微觀到最後，了不可得。

這個蘋果不是生來就這樣擺在我們面前的。它最初是一粒種子，種在土裡，遇到適當的條件，土壤、溫度、陽光、雨水等等都具足了，在適當的時機，它發芽，慢慢長成小樹，開花結果，然後由工人摘下來，由司機運到城市，由商販賣，我們買回來，洗乾淨，放到桌上，才有了面前這個蘋果。而最初的那粒種子也是由另一個蘋果那裡來，那個蘋果也經歷了一番奇妙的由種子到果實的旅行。如此不斷往前推，即使是一個小小的蘋果，來歷也可無窮追溯，或遠或近地與整個宇宙相關。缺失其中任何一個條件，都不會有此刻面前這個蘋果。

世間萬物萬象，皆相依相待而存在。任何一法，都或遠或近地以一切法為緣而生住；一切法，也或遠或近地以任何一法為其生住之緣。

佛經云：「此有故彼有，此無故彼無，此生故彼生，此滅故彼滅。」諸法互為緣起，這是佛教一個最基本的原理。

五

我們不僅誤解了事物存在的方式，認為它們是獨立、固有存在著，而且還一廂情願地賦予它們種種特徵和定義。

我們說天空是藍色的，實際並非如此。科學研究發現，太陽光由紅橙黃綠青藍紫七種顏色組成，它們的波長各不相同。波長最短的藍紫光最容易被空氣中的微粒散射，天空中便布滿了被散射的藍紫光，而人眼對紫光不如對藍光敏感，因此我們看到的天空是藍色的，但這只是我們覺知的天空，並非天空的原貌。再說天空僅是個概念，找不到一個實在的「天空」，它是虛空經光線、微塵、人的感官、意識等共同作用，得出的一個印象。

同樣的水，如果盛在杯子裡，我們認為它可飲用；如果是在澡盆裡，就認為它是用來洗澡洗衣服的，不會想到要去喝它；如果是在馬桶裡，哪怕是一只很乾淨的馬桶，你也不會想用那水來解渴或洗澡。在這裡，水的用途和屬性完全是我們的心理和感受的投射。

兩個人在一旁竊竊私語。

你懷疑他們在說你的壞話。這兩個人不僅立刻成為你的敵人，而且你認為他們從來就人格低下、肥胖臃腫、醜陋不堪。

兩分鐘後你經過他們身旁，發現他們談的完全是與你不相關的另一件事。幾乎就在瞬間，他們變得不那麼難看了，人格也急劇提升。

後來他們走過來，與你親切交談，對你的學識和才華由衷讚歎。可以肯定的是，他們現在變成了兩個可愛的人，誠實，謙虛，有品味，而且長得富態大方、透著喜氣。

再來說說關於杯子的定義。如果說能用來盛水的容器是杯子，那麼澡盆和馬桶也能盛水，為何不算杯子？要說小點的才算杯子，碗小也能盛水，但那不是杯子呀。要說杯子是玻璃的，魚缸也是玻璃的，可那也不是杯子。杯子也有瓷的、不鏽鋼的、塑料的，有大有小。杯子可以盛水，也可以盛牛奶和沙子，還可以用來打人。但是，能裝牛奶、沙子，能當武器打人的都是杯子嗎？當然不是。

以此為例，對其他事物也都可以這樣試著去尋找其決定性的特徵，我們會發現，事實上根本無法絕對地界定事物。

有些人與父母感情很好，有些人與父母關係不是那麼親密，人與人的因緣不同，不管怎樣都要有孝心，把父母的安樂掛在心上。

《楞嚴經》、《俱舍論》等諸多經論，對認識都有詳盡、深刻的闡述。其內容極其深奧，非輕易能理解、領悟。我想借用大家比較熟悉的現代心理學的一些原理、詞彙，做一個最初級、最簡單的引述。如果有興趣的話，可以參閱相關佛教經論中對認識真正全面、精確的闡述。

人的認識過程首先是感覺，對事物的個別接觸；然後是知覺，根據感覺所了知的個別情況，得出一個整體印象。在知覺的基礎上，再進行深一步的認識，不僅得到事物的表象，而且了解到事物的規律，從而掌握事物的作用。

眼耳鼻舌身這些感官與神經相連。外境刺激由傳入神經傳到中樞神經，中樞神經對傳遞來的信息進行加工，之後由傳出神經傳遞出應做的反應，又立即傳入，再加工又傳出，如此循環往復，反饋更新。

傳入中樞神經的信息經過加工，外境不是被原樣不變地反映出來。我們所看到、所聽到的，都是經過中樞神經加工後的東西，不完全是外界境象的原狀。

認識的過程也是眼耳鼻舌身與意識持續互動的過程。思維需要借助概念，根據概念組織判斷和推理活動。概念、判斷、推理是思維的三種形式。

概念的成立是經過取捨的。也就是說，經過中樞神經加工後的東西，還要經過二次加工，經過抽象加以概括，把不需要的部分捨去，需要的部分集中起來。比如「燈」這個概念。有各式各樣的燈，五花八門。若根據不同點，則無法概括，成立不了燈的概念。只有把不共同的捨掉，取共性，才能成立概念。

概念是我們思想的符號，並非事物本身。問題是，天長日久的，我們逐漸忘記了它是符號，以為概念就是事物本身甚至是全部。

認識，即眼耳鼻舌身意的作用，是對世界進行加工，那麼在人的認識之外，是否有一個獨立的、客觀存在的世界呢？

現代社會的人都知道分子、原子，知道看似堅實的物體實際是一堆分子、原子、乃至更微小的各種粒子在那兒運動，我們卻能把一堆堆相互獨立、彼此間有縫隙、間隔的微粒，看成鐵板一塊、堅實存在的物體。

如果物理世界是由基本粒子構成的，那麼同樣的基本粒子為什麼會構成五花八門、形態不同的物質？原子的不同特性從何而來？

「色」包括有形的物質和無形的波、場等，色分析到最後是虛空。正如我們能把一堆零散的微粒看成堅實的物體，在同樣的分別念的作用下，我們也能從無中妄見各式各樣的顯現。就像眼睛疲勞時，能無由地在虛空中看見花紋。

這空花不是獨立存在的，它依妄心而顯現。所謂緣起，在更深刻的層面上，是指萬法以妄心而起現。

妄心生起必然同時有見分和相分。見分指了別、能認識，相分指相狀、所認識。相分包括：一、人們通常認為的客觀存在的世界，這個「客觀世界」實際是無始以來反覆薰習而成的堅固妄想。有共業的眾生會有共同的妄想。二、在此堅固妄想之上，由個業造就的眼耳鼻舌身意對之進行加工，得出個業的境象。

由此可知，一方面並沒有離開「能認識」而獨立客觀存在的「所認識」，另一方面，也沒有離開「所認識」而單獨存在的「能認識」。能與所是一體的，互為緣起，並不像人們以為的那樣是截然分開的兩回事。

六

《中論》頌云：「因緣所生法，我說即是空，亦為是假名，亦即中道義。」

事物依因緣而生住，其概念、定義、各種特性，只是我們的虛妄分別，因此不必等到事物消亡了，才說明它原本是空的，事物成住的時候就是空。

佛說「空」，並不是說一切斷滅，並不否定世間萬象多姿多彩。譬如水中月影，我們的確能看見月亮，而水中的確沒有月亮。水月的顯現和水月的空互不排斥。

萬花筒裡的圖案若實實在在、一開始就在那兒，則只能有一幅圖案，不會有層出不窮的新花樣。同理，一切事物若固有、恆常，那麼任何變化都不可能發生，一切就是僵死的。正因為事物不是那樣，才有了大千世界千姿百態。

空性是事物的根本性質，事物是空性的表達。

沒有不是空性的事物，也沒有離開事物而獨立存在的空性，正如沒有離開水而獨立存在的「濕」，沒有離開糖而獨立存在的「甜」。

進一步說，不僅事物的究竟本質是空，事物顯現的當體即是空，如夢中的山水人物。

感受、思想、意識也是這樣，本質為空，沒有獨立恆常的自體，隨因緣而有千變萬化的顯現，雖有顯現，當體即空。

空性的見解有力地幫助我們削弱實執，從而減少煩惱，同時也讓我們對因果律有了更深的了解。可以說，對空性的了解越深，對因果的信心就越大，取捨因果就越謹慎。《大般若經》云：「若了知一切法如空性，乃畏業及業相成熟之見，方是正法也。」

沒有既定不變的命運，沒有恆常存在的狀態，當下身心活動的每一個取捨，都是因是緣，都參與塑造著自與他、現在未來、今生來世。沒有理由不如臨深淵，如履薄冰。

我們的概念、判斷、推理乃至感覺、知覺都在很大程度上受到情緒和成見的影響，像貪婪、嗔恨、傲慢這樣的負面情緒，不僅傷害身心，而且使我們的認識遠遠地偏離事物的真相。

止息了煩惱，才能清除認識上的粗大障礙，所以僅僅靠閱讀或聽聞，很難真正了解、體驗空性，一定要有實際的修行，切實對治煩惱，見地才能日益清晰穩固。

佛在《圓覺經》中說：「末世眾生希望成道，無令求悟，唯益多聞增長我見。

但當精進降伏煩惱，起大勇猛，未得令得，未斷令斷。貪嗔愛慢，諂曲嫉妒，對境不生。彼我恩愛，一切寂滅。」

現在很多人學佛，只想「開悟」，不想斷煩惱；或者未證謂證，一身煩惱，而做出高深自在的樣子，好像沒有煩惱。

佛陀早就提出了告誡，末法時期的人，福報智慧淺薄，不要一味追求所謂的「開悟」，那樣只是增加了知識和傲慢，對自我的執著反倒更強烈了。應該精進地降伏貪嗔痴慢等煩惱，相續調柔了，修行才能有所進益，才能樹立堅定的正確的見地。

善知識指點提攜，也只是幫助廓清我們錯誤的知見，修行還是要靠自己親歷親為，煩惱還是要靠自己去降伏。自心煩惱不伏，妄念顛倒，「善知識雖有教授，救不可得」。

開發智慧，首先需要定，一步一步清除掉內心的干擾、雜念。沒有定作為基礎，一顆心恆時處於散亂攀緣當中，即便生起一點點智慧，也是力量極其微弱，猶如風中之燭，無法驅除愚痴黑暗。

定分為止和觀。止，偏向於不起分別，專注一境；觀，是通過邏輯思維和形象思維，以分別止分別。止觀相輔相成，不可偏廢。如果單修止，不修觀，容易墮入無想定，空心靜坐，一坐千年也還是在痴心裡打轉。

得定需要心理條件和生理條件，身心都要寧靜、專注、敏銳，不緊不鬆，恰到好處。做到這樣是需要持戒的。持戒，即通過持續、清醒的覺察規範自己的言行。如果連身體也管不住，如何去調伏比身體更難以捉摸的心呢？管不住心的話，定就無從談起。所以，定的基礎是戒。

戒並非像有些人認為的是佛陀根據自己的好惡，硬性制定的律法，沒多少理由地規定必須這樣、不准那樣。佛教戒律完全不是如此。當年佛陀通過智慧和神通看到有些行為會造成惡性後果，使人遠離安樂並障礙解脫。出於悲心，佛陀為大家開示了行為取捨的道理。這就是戒律的由來。制定戒律是為了幫助眾生斷除煩惱、滅諸過失。

受戒是自願宣誓，表示自己決心要做什麼、不做什麼，沒有人強迫和命令你必須這樣那樣。一旦你自己發下了誓言，就該恪守之。沒做到的話要懺悔，並不是因為不懺悔你就會觸犯某個主宰者的權威而受其懲罰，而是因為不當行為會帶來惡性後果，傷害到你自己，所以要通過懺悔，通過心的改變去改變緣起，並最終改變結果。

眾生持守戒律的能力有強有弱，佛陀因而制定了不同的戒律，使眾生得以根據自己的具體情況和能力，有選擇地受持，可以受一條、受多條，也可以受一天、受一生。

戒、定、慧在佛教中稱為三無漏學，由戒生定，由定生慧，依此而斷煩惱，出生死。理論上說，戒、定、慧有個先後順序，這是便於解釋其內在關係，而實踐中並沒有截然分開的三個階段，先戒，再定，再慧。

在較深刻的層面上，戒定慧一體無二。清淨持戒，便是定，便是慧。定，便在戒中，在慧中。無漏智慧顯發出來，便無時無地不在戒、定。

認為隨心所欲、根本不需要約束自己、不用放棄任何享受和俗世的追求，就能領受佛陀教法的真諦，這是對佛法修行莫大的誤解。然而這種誤解現在很流行。

初學者尤其應該牢記，持戒是一切修行的根本。《華嚴經》云：「戒為無上菩提本，應當具足持淨戒。」

七

大乘佛子須守持菩薩戒，菩薩戒總分為三類：一、攝律儀戒，即諸惡莫作；二、攝善法戒，即眾善奉行；三、攝眾生戒，又稱饒益有情戒。發四無量心，以布施、愛語、利行、同事之行，引導眾生趣向解脫，不捨棄六道輪迴任何一個有情。

大乘戒律以小乘戒為基礎，小乘戒律總為別解脫戒，其核心可概括為不傷害，或說不侵犯，這實在是所有佛教徒都該努力去做到的。發心為一切眾生離苦得樂、究竟成佛而上求菩提、圓滿覺悟，是大乘的發心。以此發心攝持身口意的，可稱為大乘佛教徒。若不能停止傷害，何談慈悲利益眾生？自己尚不能解脫煩惱，何談度化眾生離苦得樂？

莫以為大乘佛子就不需要求解脫。

菩薩是智不住輪迴，悲不入涅槃。他們有能力出輪迴，卻因為慈悲而不離輪迴，繼續在輪迴裡度化眾生。他們入輪迴，是因為慈悲願力，來去自在，遊舞世間。這完全不同於凡夫因業力牽引，身不由己在六道中輪轉。

認為發菩提心就是發願流轉輪迴幫助眾生，這是對菩提心的誤讀。

願菩提心有三種：你可以發願自己先覺悟，之後再引導眾生離苦得樂，這稱為國王般的發心，像是一位從寶洲歸來的國王，領著他的子民去那珍寶所成的樂土；也可以發願與其他眾生一起到達究竟解脫的彼岸，這稱為船夫般的發心，像是一位船夫，與他渡船上的乘客一起登岸；或者發願除非所有眾生都解脫，否則誓不成覺，這稱為牧童般的發心，像是一位盡職盡責的牧童，暮色降臨之時，把看護的牛羊全部帶回圈裡安頓好之後，他才回家。

以上三種發心，無論哪一種都包括了發願自己要圓滿覺悟，不是只求自己成佛，而是為了所有眾生都成佛。

破除了對「人我」的執著，以及大部分對「人我」之外的事物、現象的執著，就能解脫輪迴的束縛。進一步把所有微細的執著都無遺破除，就是圓滿覺悟，即成就佛果。可見發願證得菩提、圓滿佛果，自然包含了發願解脫輪迴。如果說我們現在所處被煩惱束縛不得自由的狀態，是在一樓，解脫輪迴是在二樓，圓滿覺悟成就佛果是在三樓，那麼從一樓到三樓，不論你在二樓停不停，都會經過二樓。

有些佛子發願要在輪迴中救度眾生，這很好，但前提是你自己要有能力解脫煩惱，「如佛所說，若自有縛，能解彼縛，無有是處」。

守持小乘別解脫戒，正如戒名所指示的，不犯則能解脫。別解脫戒條目繁多，各人可根據自己的情況選擇受持。總的來說，別解脫戒可幫助我們遠離惡業，端正言行，少欲知足，並訓練敏銳的覺察力，培養耐心和忍辱的精神。即使被攻擊、被侵擾，也不失不忘「不傷害」的誓願。

修行意味著改變態度，對自己、對其他眾生、對世界、對生活的態度。不用操心外在，真正的改變在內心。

修行是一個漸進、漫長的過程。你不能期望一蹴而就。多麼重大的變化，也都是從當下、小小的改變開始的。學佛要有耐心，尤其是初學者，不要把期望值定得太高，那樣很容易失望，退失道心；也不要急於求成，那樣會很危險，而且難有實質的效果。

不管是不是能夠理解深奧的佛法，此時此刻，要做一個好人。善良，正直，有同情心，願意幫助其他眾生。

八

佛陀教導我們：如果有條件，就去幫助眾生；如果沒有條件，至少不要造成傷害。

懂得緣起的道理，有助於淡化分別念，淡化人我的界線、區別。我們認識到萬物相互依存，息息相通。眾生的歡笑、痛苦原本是相通的，互為緣起。

這份領悟，是悲心的基礎。

如前所述，緣起直指空性。對空性的認識，佛教中稱為智慧。

在這裡，我們看到悲與智的統一。

真正的慈悲是平等的，針對所有眾生，每一個眾生。這要求我們先修好忍辱。忍辱，簡單地說，就是在困境、窘迫之境、危險之境，仍然保持內心的開放與柔和，對其他眾生懷著善意。

如果忍辱波羅蜜深入內心，我們便會開始把敵人，傷害我們、侵擾我們的人，看作給我們巨大幫助的朋友。敵人為我們創造了修習忍辱和慈悲的最好機會。

寂天菩薩曾說：沒有磨難，你就無法修忍辱；不修忍辱，你的慈悲心就沒有堅實的基礎，所以受人欺侮、傷害、干擾時，應視其為訓練慈悲心的可貴助緣。

他還說：敵人是修忍辱的因，忍辱是敵人造成的果。在這樣的因果關係中，若此由彼而生，則彼為此助緣，非違緣。

牢記並反覆思維寂天菩薩的教言，能增強我們忍辱的能力和決心，進而深化慈悲心。由此可見，真正的慈悲心建立在理性基礎上，而非基於貪愛。

訓練慈悲心首先要認識自己與他人、與其他眾生的相同相通之處，體會自他在生命基本層面上的平等，和在生存生活基本追求上的共同點。

所有眾生都希求快樂，不希望遭受痛苦。無論男女老幼、貧富貴賤，無論哪一道眾生，在這一點上都是平等、相同的。

有了比較穩固的自他平等的觀念後，可以逐漸訓練自他相換，由以自我為中心，轉向以他人為中心。這個變化實現起來很難，但不是不可能。佛陀不會教我們去做根本無法實現的事。有那麼多前輩、那麼多同期的道友都做到了，所以我們無論如何不要灰心。

設想一下，把自己的苦樂和無量眾生的苦樂分別放在天平的兩端，你會意識到這兩邊的差距有多大，在眾生的苦與樂面前，自己個人的痛苦和快樂顯得那樣渺小。如果自己的快樂能與眾生的痛苦交換，那豈不是很划算的一件事！

觀想自他相換的時候，根據情況、願望和能力的不同，可以觀想自己代受所有眾生的苦，把快樂給所有眾生；也可以觀想代受個別眾生的苦，把快樂給對方。

通常，只有與我們類似的人，我們才比較容易與之溝通，但修行恰恰就是要突破局限，作為修行者，我們需要把關懷和尊重擴展到更廣闊的對象身上。

只忙於滿足自己這樣那樣的需求，是會讓人疲倦、不安的，因為人的需求層出不窮，永遠沒有徹底滿足的時候，心裡很難有安定；而慈悲，對其他眾生的關懷，哪怕只是一點點，也能讓內心喜樂和滿足。

示他人以善意、關懷和尊重，儘管不是每次都能得到同等的回報，我們會遇到一些脾氣比較壞、比較冷漠、比較固執、不善於表達的人，但沒關係，總的說來，我們的幸福感和滿足感會增長很多，得到的關懷和尊重毫無疑問也會更多。

對其他眾生的真誠關懷，能有力地幫助我們遠離惡業。舉例來說，當我們的動機是不想讓眾生遭受被殺的痛苦，我們就會堅決地遠離殺業，因為即使之後通過懺悔可以清淨業障，眾生遭受的痛苦卻不可能勾銷。同樣地，盜竊、淫亂、惡語、誑語等惡業可以懺悔，而它們曾經製造的痛苦卻沒有機會勾銷。

遠離惡業是真正安樂的開始，所以關懷眾生是安樂之始。

對其他眾生的關懷，讓我們的胸懷廣闊，能以更現實的態度對待生活，不再任憑自己沉浸在對困難和問題無意義的想像中。

很多時候，麻煩、擔憂、焦慮的產生，是因為我們的心太小，只裝得下自己。哪怕只是一個小問題，在閉塞、狹隘的心胸和眼界的「加持」下，也會變成無法承受的大困境。

每當我感到憂慮、壓力的時候，普賢菩薩高尚的誓言總能給我幫助。他說：「乃

世間萬物相互聯繫、息息相關，我們如果能對一個人完全敞開心扉，就能對整個生活開放；如果在任何情況下都能與一個人溝通，就能和整個世界溝通。

至虛空世界盡，眾生及業煩惱盡，如是一切無盡時，我願究竟恆無盡。」

想到自己的誓願，想到生活的目標，眼前便開朗了。怎樣大的困境都是可以跨過去的。

慈悲是安樂之源，也是智慧所在。

它讓短暫而無法重來的人生有了意義。

佛法浩如煙海，我以淺陋知見管窺蠡測，必定多諸謬誤曲解。在此，至誠向諸佛菩薩懺悔罪過，祈求諸佛菩薩的寬宥、加持。

文章主要是對近來一些道友提出的問題給予了解答。由於本人的局限，其中不盡之處、不是之處，還請各位師友包涵、指正。

如果說此中尚有些許功德，我願將此功德迴向一切眾生，願眾生離苦得樂、圓滿菩提！願世界遠離災難、爭戰，人民幸福安康！

願這八篇小文，如一組小小的八吉祥，給慶祝農曆新年的道友們帶去新春的問候，並激發大家探索佛法無盡寶藏的興趣。

希阿榮博

完成於藏曆鐵兔年十一月二十八日

（西元二〇一二年一月二十一日）

希阿榮博堪布法相——**弘法**

希阿榮博堪布法相——**喜樂**

希阿榮博堪布法相——**自在**

格薩爾王

三大護法

ཡི་གེ་ཉི་ཤུ་རྩ་དྲུག་པ་འདི་དཔེ་ཆའི་ནང་དུ་བཞག་ན་དཔེ་ཆ་དེར་ཅི་འདྲར
བགོམས་ཀྱང་ཉེས་པ་མི་འབྱུང་བར་འཇམ་དཔལ་རྩ་རྒྱུད་ལས་གསུངས་སོ། །

此二十六字咒置经书中，误跨经书之罪亦可消，《文殊根本续》所说也

國家圖書館出版品預行編目(CIP)資料

寂靜之道：幸福,源自內心的安寧 / 希阿榮博堪布作. -- 初版. -- 新北市：方舟文化出版：遠足文化發行, 2014.04
面； 公分. --（身心清涼；4）
ISBN 978-986-89799-9-4（平裝附光碟片）

1.藏傳佛教 2.佛教修持

226.965 103004589

0AHT0004 身心清涼004

寂靜之道

幸福，源自內心的安寧（書附CD）

作　　者　希阿榮博堪布
封面設計　比比司設計工作室
內文排版　黃鈺涵
文字協力　林美琪
主　　編　陳毓葳
副總編輯　郭玢玢
總 編 輯　林淑雯

社　　長　郭重興
發行人兼出版總監　曾大福
出 版 者　方舟文化出版
發　　行　遠足文化事業股份有限公司
231 新北市新店區民權路108-1號4樓
電　　話｜(02)2218-1417
傳　　真｜(02)2218-8057
劃撥帳號｜19504465
戶　　名｜遠足文化事業股份有限公司
客服專線｜0800-221-029
E-MAIL｜service@bookrep.com.tw
網　　站｜http://www.bookrep.com.tw/newsino/index.asp

印　　製　成陽印刷股份有限公司　電話：(02)2265-1491
法律顧問　華洋法律事務所　蘇文生律師
定　　價　420元
初版一刷　2014年4月